尾畠春夫《おばたはるお》
魂《たましい》の生き方

尾畠春夫

聞き手・構成
松下幸
南々社編集部

南々社

尾畠春夫　魂の生き方

尾畠春夫
魂の生き方

もくじ

序章

人生って、素晴らしい
――一歩、外に出てみませんか

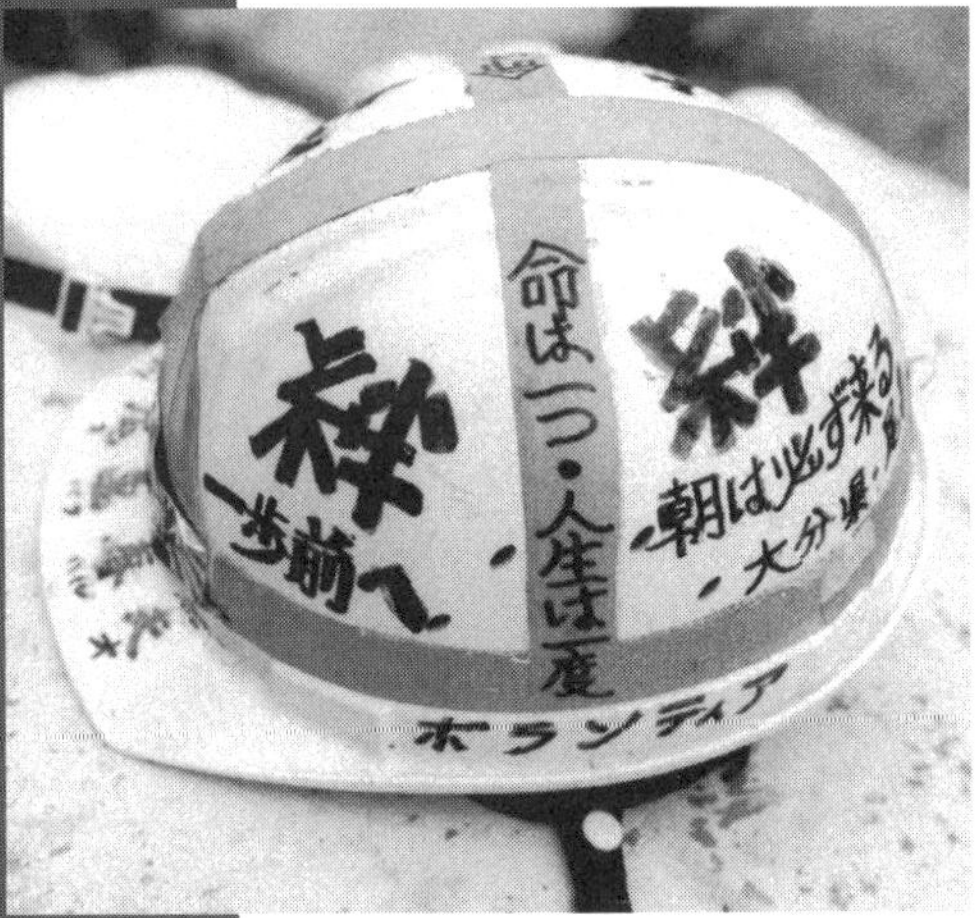

被災地には、ボランティアがまだまだ必要

こんにちは。尾畠春夫です。周防大島（山口県）で2歳児を見つけたことから、世間では「スーパーボランティア」と呼ばれているらしいですけど、私は特に褒められたいとは思っていません。

だけど、ボランティアをしたい、困った人のために動きたいと思う人が一人でも増えてくれたら、私はうれしい。今年（２０１８年）の7月6日夜から起きた西日本豪雨災害では広島・岡山両県を中心に全国で２２０人余りの方が亡くなり、生き残った方々も生活を再建するのには大変な時間と労力がかかります。

私は豪雨被害を知ってから、7、8、9月と3回、延べ60日間、広島県呉市の天応《てんのう》地区でボランティアをさせてもらいました。私が車を停めさせてもらっている小学校の体育館に避難されていた方々も、今は仮設住宅に移られ、被災の傷跡は少なくなっているように思う人も多いことでしょう。

でも、実は違うんですよ。まだ、取り除かなければならない土砂は、本当にたくさんあります。それなのに、ボランティアの数は日ごとに減っています。まだまだボ

赤いつなぎがトレードマーク。どこからでも一目で分かる

ランティアは必要なんですよ。

ですから、退職した方、子育てを終えた方、若い学生さんなどには、「自分でもボランティアができるかな」と思いましたら、ぜひ一度、現地に行ってみることをお勧めします。時間的に難しければ、1時間、30分だけでもいい。様子を見て、被災者と会話して、スコップ一杯でもいいので泥をすくってほしい。それが、被災者の方々を少しでも元気づけることになります。

呉市天応地区で温かく迎えられる

今月（9月）は13日からボランティアをしています。「尾畠さんありがとうね」と声をかけられることも多くあります。中には、手づくりの惣菜やおむすびを持ってきてくださる方もいます。天応地区の人たちの表情が少しずつ、明るくなった感じがしています。

周りにはいつも人が集まる

9月28日には、小学校の校庭に全児童が集まって、私のために「ハッピーバースデー、ツーユー」と祝いの歌を歌ってくれました。来月（10月）12日が私の79回目の誕生日だと知ったからでしょうか。子どもたちのおじいさんと私は、同年輩かもしれませんね。近くの保育所の園児からは、たくさんの私の似顔絵をもらいました。一緒に撮った記念写真は、私の宝物です。自宅に飾っておこうと思っています。

先日は、もうすぐ結婚される新郎の友人という方が、私のところを訪ねてきて「尾畠さん、お祝いの言葉をいただけませんか」とお願いされてね。そんな大それ

呉市天応の保育園児と記念撮影

たことは、と思ったんですが、どうしてもということで「こんにちは。尾畠春夫です。晋助さん、佳代さん、ご結婚おめでとうございます。明るく楽しい家庭を築いてくださいね。終わります」とスマートフォンの画面に向かってしゃべりました。こんな私でも、少しでも若い人たちのお役に立てればと思ったからです。

　ある日のことですが、ボランティアをしていた女性が現場で作業中にガラスで手を切ってしまいました。すぐに、私は血を吸い出して、ティッシュで覆《おお》って、ガムテープでぐるぐる巻きにして、止血《しけつ》しました。破《は》傷風菌《しょうふうきん》がウヨウヨしているから、大変なことにならないためにです。近くにいた看護師をしているボランティアの方も、びっくりした表情でした。長年ボランティアをさせてもらっていると、いろんなことがあって、その経験が生きたのかもしれません。

「再び、天応に戻ってきたい」

私が今、車を停めている小学校のグラウンドの場所からは、呉線の電車が見えます。最初に来たときは、水害で電車は走っていませんでした。いつ開通するか、見当もつきませんでしたね。

それが2か月余り経って、やっと通るようになりました。広島呉道路も9月27日には、通行止めが解除されたと聞きました。少しずつですが、日常生活が戻ってきたのは、ここに住んでいる方にとっては何よりです。

でも、繰り返しになりますが、もとの生活とは程遠

災害から2か月経って、ようやく電車も開通した

いのも事実です。10月からは基本的には、ボランティアの受付は土曜と日曜に限るようですが、平日も受け入れてもらえればと思っています。この前、県庁の方が私のところを訪ねてこられたので、その思いを伝えました。

私は9月30日にいったん、天応から大分の自宅に帰る予定です。今回、地震のあった北海道の方から、「ボランティアに来てもらえませんか」という声も聞きました。でも、ここ天応はまだボランティアが必要なので、地元・大分での用事を済ませたら、もう一度、10月にここに戻ってきたいと思っています。

皆さんも、外に出て活動を

本当は、私がボランティアに行く必要がなくなれば一番いいのですが、現実はそうはいきませんね。特に今年は、日本全国で異常気象が見られ、各地でこれまでにないような災害が起こっています。日本には四季があって、つくづく日本に生まれてよかったと思いますね。自然を愛する人は長生きをするのではないでしょうか。でも、その自然は時に大きな牙《きば》をむくこともあります。

私自身は、まだまだ体力があると思うし、ボランティアを続けるために、日々、体力づくりに励んでいます。今回、大分に帰ったときは、福岡県行橋市《ゆくはし》から別府市までの「100キロウォーク」にも挑戦するつもりなんですよ。「呉市天応、頑張れ」の幟《のぼり》を持ってね。目標は24時間を切ること。でも無理はしないようにします。（注／今年は台風により中止となったが、一人で2泊3日かけて歩いた。握手やサインを求める人でいっぱいで、なかなか前に進めなかった）

本当は、今年から行きたいと思っていた沖縄のガマ（自然洞窟）で遺骨収集する「旅」に、来年には、ぜひ出掛けたいと思っています。ただ、不幸にも各地で災害が起きて、こんな私でも手助けができると思ったら、そちらに出掛けようと思います。体力が続く限り、足手まといにならない限りにね。

皆さんも外に出て活動してみてください。花や虫の声など、豊かな自然に触れて、いろんな人と話してみてください。そうすれば、家の中とは違う空気を味わえて、景色も変わる。違う空気を吸えば、違う考えも浮かんできます。「人生って素晴らしい」と思えるようになりますよ。

第1章

「奇跡」の2歳児救出

「ぼく、ここ!」と元気な声が……

「ぼく、ここ」「ぼく、ここ」――。まるで、私の耳のすぐそばで言われたような声の大きさでした。本当にしっかりした声だった。その声を聞いたとき「これは生きるな」と直感した。それほどのすごい声でした。

声を聞いたときはまだ、「よし君」（藤本理稀《よしき》ちゃん）の姿は見えませんでしたが、ただ、私は固まってしまった。頭の中が真っ白になって、一瞬何も考えられなくなったのが正直なところです。

「見つかったらこうしよう、元気だったらいいな」と、そのときを想像しながら、その瞬間を考えていました。その気持ちで、「よーしくーん」「よーしくーん」と大声で叫びながら山道を上って行きました。

声が聞こえた場所から10メートルくらい離れた所に、男の子の姿が見えました。一瞬、「地蔵」かとも思った。小さな沢がある所に、男の子が足をそろえて、ちょこんと座っていた。赤と白の2色の長袖の水着を着ていましたが、下半身は何もつけていませんでした。履いていたはずのサンダルもなく、はだしだった。

不明2歳 3日ぶり保護

周防大島 ボランティアが発見

山口県周防大島町家房で12日午前から行方が分からなくなっていた藤本理稀ちゃん(2)＝防府市＝が15日、帰省先の曽祖父方から北東約560メートルの山中で無事発見された。不明から丸3日近くがたっての発見。軽い脱水症状はあるものの、健康状態に問題はなく、目立ったけがもなかった。

（29面に関連記事）

藤本理稀ちゃん（山口県警提供）

この日午前6時半ごろ、山中を通る沢で石に座っていた理稀ちゃんを、大分県からボランティアで捜索に駆け付けた尾畠春夫さん(78)が保護した。尾畠さんの「よしくん」との呼び掛けに、「おじちゃん、ぼくここ」と応じたという。理稀ちゃんは、渡されたあめをかみ砕くように食べたという。

尾畠さんが用意していたバスタオルにくるまれて曽祖父方へ。尾畠さんが理稀ちゃんを手渡すと、母美緒さん(37)は名前を呼んで泣き崩れたという。地区のスピーカーで呼び掛けるなどしてきた美緒さんは「本当に不安だった。無事に帰ってきてくれて言葉にならない」と話した。

上下水着でサンダルを履いた姿で不明になった理稀ちゃんは、発見当時、上着しか身に着けておらず、はだしの両足を沢の水に漬けていたという。その後、水着やサンダルは、発見現場近くで見つかった。

理稀ちゃんは曽祖父方に帰省した12日午前10時半ごろ、一緒に海に向かった祖父藤本正憲さん(66)らと途中で分かれて行方不明になった。翌13日は2歳の誕生日だった。

下関地方気象台によると、12〜14日の周防大島町は30度を超える連日の真夏日だった。山口県警や地元消防団などは12〜15日に延べ約600人で捜索。発見現場は、木々が生い茂る山の坂道を進んだ沢だが、山中は13日から調べていた。

県警は「移動していたため、見つからなかったのだろうか」とみており、理稀ちゃんの回復を待って不明の間の事情を聴くことにしている。

（堀晋也、馬上稔子、高田果歩）

行方不明になった理稀ちゃんは曽祖父方（○印）付近から北東に約560メートル離れた山中（点線で囲んだ部分）で見つかった（撮影・福井宏史）

周防大島（山口県）の２歳児発見を報じる記事（『中国新聞』2018年８月16日）

ただ、じっと座っているんですよ。目をキョロキョロするわけでもなく、頭を振るわけでもない。男の子は、ただ無表情でした。それはそうよね。３日も何も食べていないんだから。

近づいて「よし君？」と声をかけると「うん」とうなずきました。「よし君、飴食べる？」と聞いたら、すぐに「うん」と返事が返ってきた。ポケットから塩飴を出してやろうと思ったら、飴が入った袋を目がけて、すごい勢いで手を出してきた。獲物みたいに、飴をパッと取ったんですよ。すごかった。右手で。ものすごい速さだった。

パチンコ玉よりもちょっと大きな飴を10個持ってきていたんですよ。2歳の子どもには、ちょうどこれくらいがいいと思ったからね。あとは水を1・5リットル。前夜に雨が少し降ったから、赤いバスタオルも持ってきていた。もしぬれていたら、寒かろうと思ってね。

飴を「ガリガリガリ」と噛み砕く

よし君は飴を食べようと思って、袋を自分で開けようとしたんだけれど、小さい手だから握力がない。私が開けてやって、まず1個をよし君の口に入れた途端、ガリガリガリ、と噛み砕いたんですよ。その音を聞いたときに、「この子は生きる」との直感が、確信に変わった。それ

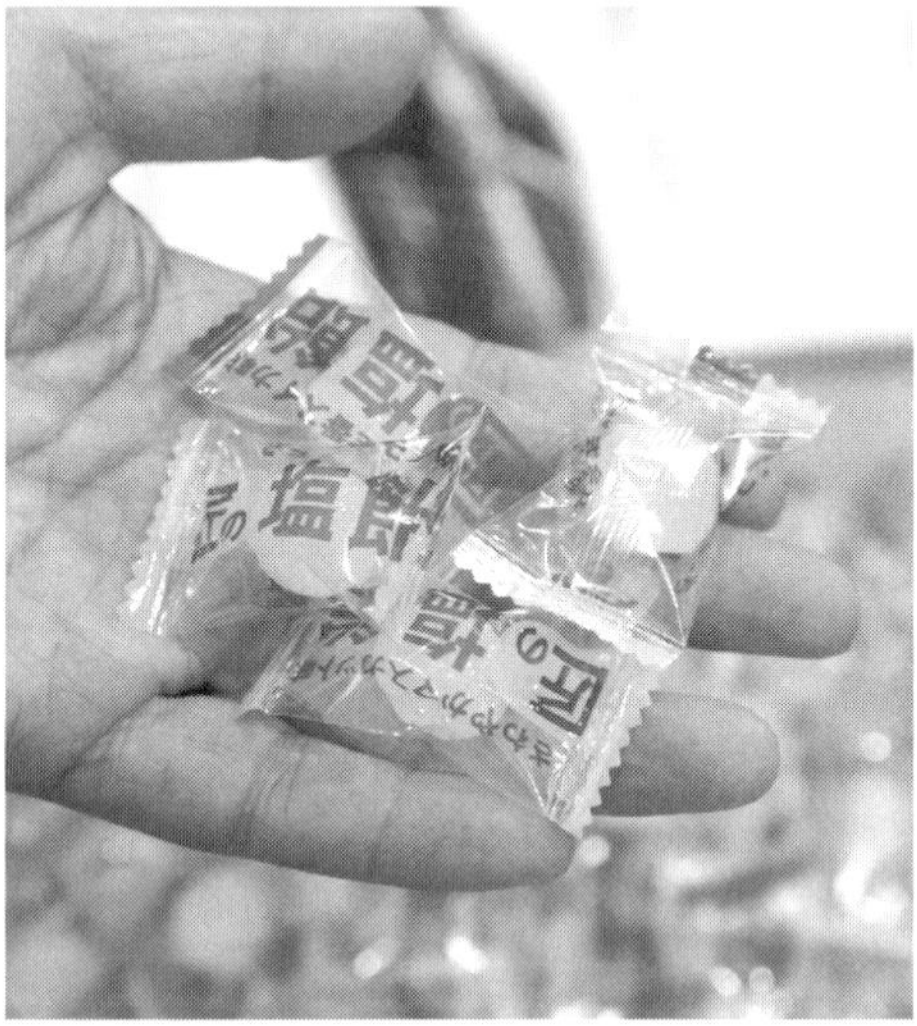

よし君が見つかったときに口に入れた飴

よし君が座っていた場所。沢の水が流れていた

から、袋の中の残りの9個の飴もまだ欲しがっていました。

　ガリガリ、と噛んでいる間に、よし君を見るとどこからも出血していなかった。私は山を案内するときには、必ず絆《ばん》創膏《そうこう》や消毒した針や糸を持っていきます。もし切り傷があったり、出血したりしたら止血しないといけないので。でも、幸いにも使うことはなかった。まずは安心しました。

　頭部を見ると、なぜか髪の毛が白くなっていた。ちょっと触ってみたら、硬くなっていて「これは素人の私が触らない方がいいかな」と思った。それで、用意していた赤いバスタオルでよし君を包んで、抱きしめながら「よし君、帰ろうな」と声をかけると、「うん」と元気な返事だった。

口約束も「契約」の一つ、直接手渡したい

3つ目の飴を食べ終わる直前に、15人くらいの警察官が、よし君を抱えながら山道を下りていた私に近寄ってきた。「尾畠さん、見つかった？　じゃあ、こちらに手渡してください」と言うので、「え、なんで？」と聞くと、「今から子どもに事情を聞いて、体も調べて、それから医療機関に連れて行きますから」とのことだった。

それで私は「すみません、おやっさん（警官）。私はお母さんとおじいちゃんと約束して『この子が見つかったら直接お渡しします』って言っている。口約束も契約だから、契約を破ることはしてはいかんし、もし私が法律に違反しているようなことがあれば、よし君を渡した後にワッパ（手錠）をはめてください」と言ったんです。するとそれを言った途端におやっさん（警官）がパァーっと道を広げてくれました。

道が開いた途端に、右前にお母さんが立っていた。お母さんは硬直して、真っ青だっ

た。あの顔を見たときは、もう何て言ったらいいのでしょうか。母親の性《さが》でしょうか。やっぱり十月十日《とつきとおか》、自分の腹を痛めて命がけで産んだ子がね、生存して帰ってきたときのお母さんの気持ちは、どんなものだったのか。お母さんの姿を見たときはもう、本当に最高にうれしかった。

抱いていたよし君は顔を私の方に向けていたから、お母さんの方に顔を向けながら、「よし君、お母さんだよ」と言いながら渡したんです。お母さんからは「ありがとう」とか「ごめん」とか、そんな言葉はなかった。無言だった。よし君を引き取って、ぎゅっと抱きしめた。そのときのお母さんの顔の筋肉がガチガチで、限界まで張り詰めていました。ああいうときの人間の顔は、本当にいいねえ。あの顔を見られただけで私は幸せです。

それを見て「ああ、私はご家族との約束を果たした」と思ったわけです。もうこれで私のボランティアは終わり。帰りかかったら、おじいちゃんが「風呂に入って、ごはん食べて」って言うから、「私は個人的にボランティアでは、飲食などの対価物品はいただきません」って断ったんです。

すると、しばらくして雨が降ってきた。よし君のおじいちゃんが今度は「傘をどうぞ」と持ってきてくれた。私は雨が降ったら「雨さん、降ってくれてありがとう」と思うんです。それは私の体の大部分が水分でできているからです。だから「私は雨に生かされており、傘は要《い》りません」と。

今度は警察が私のところに来て「尾畠さん、署長が来て感謝状をお渡ししたいんですが、受け取ってもらえませんか」と聞くから「要りません」と言った。よし君の命が助かったことで私の役目は終わったから、「私は何も要りません」と。

すると「尾畠さん、国の法律で人命救助のときには、我々は渡せって言われているものですから、受け取ってもらわないと困るんです」と言われた。すでに私の名前も入っていたし、「じゃあ、おやっさん、いただきます。今年の夏は少し暑いから、体に気を付けてください」と言って、感謝状をいただきました。

地元の新聞で行方不明を知って大島に

私がよし君の行方不明を知ったのは、地元・大分の8月13日の新聞だった。「２歳の子どもが行方不明になった」と書いてあった。「助かればいいのにな……」と思った。続報で「まだ見つかっていない」と知った。それを見て、段々と自分の心が動いてきてね。「うーん、行くべきかな、どうしようかな」と思って、結論が出ないままその晩寝た。

翌14日朝。午前3時40分に新聞が来て、開いてみると、新聞の下の方に「２歳の子ども、まだ行方不明」とある。記事の長さは短かったが、「これはいかんな、もう行こう」と急いで準備し、朝9時半に大分を出発した。高速道ではなく、一般道を走った。午後1時半過ぎにようやく周防大島に着いた。途中、何度も、何度も道を尋ねました。

最初に町役場の支所に行った。すると「支所から歩いて15分くらいの所に、テントが張ってあるから、そこへ行ってください」と言われた。行ってみたら、警官たちが輪になって話をしていた。「すみません」「こんにちは」と入っていった。怪しい者ではない証拠に、免許証を見せました。自分の写真も載っているし、一番いいだろうと。役場でもどこでも、「何か身元の分かる物はありますか」と言われると「どうぞ」と、いつも免許証を見せているので、このときも同じように見せたんです。

「免許証にも書いてあるように、私は大分からよし君を捜しに来たんですけど、捜索の許可を出してもらえませんでしょうか」と聞いた。そしたら「警察が許可を出す資格とか、権利とか、そんなものはないです」と言われたから、「自分で捜索をやってもいいな」と思いました。

周防大島・家房地区

現場付近の状況を歩いて調べた

時間は午後2時を回っていたかな。まだ日が暮れるまでに4時間くらいあるから、まずは、よし君の家がどこにあるかを確認しようと思った。よし君の家に行ったら、お母さんとおばあちゃん、ひいおばあちゃん、おじいちゃんがいた。

まず家房の現場付近を歩いた

ちょっと離れた所で帽子をかぶった人がいたが、よし君のお父さんだったのかな。そこで「大分県から来た者ですけど、お子さんを捜させていただきます。万が一、私が捜し当てたら、抱っこして、必ず、じかにお渡ししますから」と言いました。そうするとご家族から「ああ、お願いします」と言われた。

現場付近を歩くことにしました。高台に上って、眼下に広がる田んぼを眺めた。そのときに思った。稲は均等の幅で植えられている。もし、よし君がうつ伏せか仰向けで倒れとったら、その部分だけ、稲の色が遠くからでも違って見えるはず。田んぼを見たら、そうした所がなかったから、よし君がいるのは田んぼじゃないなと思いました。

田んぼには水を引くヒューム管（コンクリートでできた水を通すトンネルのこと）があった。それとU字溝。ふたをしている所もあるし、していない所もあった。それから貯水槽。それもネット状と板状のふたが張ってあった。

それらを、見て歩いたんですよ。のぞいたりしながら。「これは子どもの頭は通らんな、子どもの尻は通らんじゃろ」と。鉄製の金網は、動かしたら錆《さび》が残るんですよ。それもなかったから「よし君がいるのは田んぼじゃないな」と思った。

よし君のおじいちゃんの家の右側は段々畑みたいになっていた。そこはもう草を切って、踏んだ跡がずっと残っていたから、「ここはもう警察が捜索したんだな」と思ったけど、見落としていることもあると思って、そこもずっと、時間のある限り見て回った。

次第に暗くなってきた。よし君の家から東側に大きな竹山があったんです。もしかしたら「あそこかな」と思ったんだけど、もうその日は時間もなくなっていた。もし何かあったときは、カラスが舞うなと思った。

かつて、大分県の鶴見岳に登った東京都の30歳男性が行方不明になったとき、「捜索に協力してください。警察、消防、自衛隊の団体を連れて上がって行ってほしい」と要請があったから、捜索したことがあるんです。何かあった場合、夏山だったら、2、3日くらいで腐敗し始めるから、カラスが舞うんですよ。その下に行ったら80～90％の確率で遺体がある。でも、ここではカラスは舞っていなかったから、亡くなってはいないじゃろうと思いました。

少しずつ山道を上って行った

早朝6時から一人で捜索に

その日はそれで終わって、寝袋に入って寝ました。

翌朝3時半に起きて、朝食を取った。「よし、今日はよしくんを目いっぱい捜すぞ」と。「会うぞ」ではなくて、

よし君の曾祖父宅近くからは瀬戸内の海が見える

「会いたいな」という気持ちだった。

よし君がいなくなってもう3日目でしょう。丸3日ということは俗にいわれるタイムリミットの72時間。でも72時間なんて、私にはくそ食らえなんですよ。あんなのは専門家の言ったことなんでね。タイの行方不明の少年たちだって、12、13日経っても全員助かったでしょう。

朝6時だったら、まず警察など公《おおやけ》の人は捜索にはまだ入らんじゃろう。それで6時に出発したんです。警察の方々が捜索を始めるとにぎやかになり、小さな子どもの声が聞こえなくなるかもしれないと思って。

6時15分くらいかな、道の途中でよし君のおじいちゃんに会った。もう前日にも会っていたけど「今からお孫さんを捜させてもらいます」と声をかけた。「必ず見つかったら手渡しいたしますから」とも。

1つ目の大きな貯水タンク（右）の左の山道を進んだ

「よーしくーん」と大声で叫びながら上る

よし君のおじいちゃんの家の両サイドには人家があった。人家がある所は無言で上ったんです。それより先に行って人家がなくなってから、目いっぱいの声を出して叫んだ。「よーしくーん」「よーしくーん」と何度も。右左、右左と方向を変えながら。

ちょうど沢があって、山に向かって谷になっている所で、進行方向の右手に大きな貯水タンクがあり、またその上に小さな貯水タンクがあった。たぶん飲料水に使っているんじゃないかな、今も電気が来ているようだったから。

その2つ目の貯水タンクを右に曲がって下りた所に小さな沢があったんです。ちょろちょろと水が流れていたけど、そこで「よーしくーん」「よーしくーん」という私の大声に、「ぼく、ここ」と返事があった。

出発してからわずか30分くらいか、まだ7時前だったからね。出てから、よし君のおじいちゃんと会って、まさかこの時間に。12日と13日、警察と消防が150人態勢で捜しても、全く手がかりもなかったらしいんですよ。それなのに、こんなに早く見つかるとは、自分でも驚いた。

一番に声、二番に座っているよし君の姿。座っているのを見たときは、涙がなんぼ流れたか分からん。よし君は、涙を流さない。ひょうひょうとしとったね。今思い出すだけでも、また涙が出そうになる。捜索開始から30分ほどで発見できたのは、きっとお天道様が引き合わせてくれたのでしょう。

よし君が見つかった所は、今まで警察も、誰も捜してなかった所だと思った。踏み跡がなかったんです。私はもう何十年も登山をやっとるからね。私が見た限りでは、踏み跡が見つからなかった。

そのとき、よし君には、水は飲ませなかった。たぶん3日間、3センチくらいの深さの沢で自分が生きようと思って腹ばいになって水を直接口で飲んだんでしょうね。水はきれいだったし。すくって飲んだら砂が入って飲めないからね。

後で警察犬が2頭来て捜したら、サンダルはよし君が見つかった場所の約7メートル上にあり、パンツも近くに脱ぎ捨てられていたらしいです。

さらに小道を上って行くと、道は狭くなった

大分の2歳女児捜索の経験が生きる

実は、道をまっすぐ行っても見つからなかったら、もっと上って、稜線《りょうせん》をずっと歩いて捜す、というルートが頭の中にありました。草を踏んだ足跡を探しなが

ら。２本足の人間の足跡か、４本足の動物の足跡かを見分けつつ。人間が踏んだ植物の跡というのは１日２日じゃ、消えませんからね。

よし君を捜すのは１日がかりでやろうと思っていたから、暗くなったときのためにヘッドランプも用意してあったんです。でも、日が落ちるまでに捜そうと思っていました。よし君に食べさせた飴はね、実は、少し前まで水害のボランティアに行っていた、呉市天応《てんのう》の支所でもらったものなんですよ。

真っ先に裏山の上を捜したのは、２０１６年に大分県で２歳の女児が行方不明になっ

よし君が見つかったすぐ近くには沢があった

たときに女児が斜面の中腹で見つかったことから、小さい子どもは上にのぼっていくのではないかと考えたからです。ただ、小さい子は上にどんどん上がるって習慣があるというのが正論かどうかは、分かりません。

このときは、山のずっと下の方でおばあちゃんとお母さんと一緒にいた女の子がいなくなった。午後1時くらいだったかな。騒動になって皆で捜したけどおらん。私は夕方5時のＮＨＫニュースで「2歳女児行方不明」というのを見た。これは仲間とともに捜索させてもらおうと思った。「何人ですか？　どういう捜し方をするんですか？」。役所も消防署も私に同じことを聞くんですよね。

その後捜索に入って私は山の左、女の子の父親の同僚は右へ上って行った。そうするとその同僚が見つけた。警察の方たちは下の方で捜していたからね。

このときの経験が今回は生きたのかもしれない。周辺は草が踏み荒らされておらず、人が歩いたような形跡はなかったが、上に行っていると信じて上り続けました。

元気ないい子になってほしい

この辺りは、イノシシがめちゃくちゃ多いらしい。柵がいっぱいあったでしょう。でも、イノシシは生きた人間には基本的に手を出さないんですよ。ツキノワグマとかヒグマとかはやりますけどね。だから、その点は安心していた。おじいちゃんはやっぱり憔悴《しょうすい》していました。そりゃあね、目に入れても痛くない孫が2、3日も街中じゃなくて、山の中でいなくなったんだからね。厳しいかなと思ったけど、本当に見つかって良かった。

今回の捜索に加わったのは、65歳まで別府市で鮮魚店を営んできて、いろんな人にお世話になり、世間様に恩返しをしようと、各地でボランティアをしていたことがきっかけでした。今回も「少しでも役に立てるなら」と考えた。この世で最も重い、人の命を助けたかった。

よし君には、大きくなったら元気ないい子になってほしいです。ご家族には伝えたんです。「できれば過去のことは言わなくてもいい」と。2歳の子だから、このことは覚えていないと思う。思い出には残らんと思う。誰かが話せば別じゃけどね。

私はね、それまでの元気だったよし君みたいに、家の中でワイワイ楽しく過ごしてくれたら、もうそれだけでいい。おいしいご飯を食べ、もとの生活に戻ってほしい。もし、いつかどこかで偶然再会したとき、健やかに育っていてくれればうれしい。よし君が見つかったあの日、私は自分自身を褒めました。「尾畠春夫、お前、今日、良かったな。よくやったな」って。でも、私の力は3分の1くらい。あとの3分の1はお天道様の力。残りの3分の1はよし君の命の力。人間の命は何よりも重い。そのことを改めて感じさせてもらいました。

大分の自宅に帰った後、郵便受けによし君のお母さんからお礼の手紙が来ていました。「無事、退院した」とありました。それを読んだとき、改めてよし君が助かって良かったと思いました。


【メモ】

山口県周防大島町家房《かぼう》で8月12日から行方不明となっていた同県防府市の女性(37)の三男・藤本理稀《よしき》ちゃ

んが15日朝、3日ぶりに同町内の山中で見つかった。搬送された病院によると、目立った外傷はなく、健康状態はおおむね良好だった。

山口県警柳井署などによると、男児は曽祖父宅に家族で帰省中の12日午前10時半頃、祖父（66）と兄（3）の3人で曽祖父宅から約400メートル離れた海に向かった。100メートルほど歩いたところで理稀ちゃんだけが引き返し、曽祖父宅のすぐ近くまで歩いていく姿を祖父が確認していた。その後、行方が分からなくなった。警察や消防などは約150人態勢で捜索していた。

15日午前6時半頃、ボランティアで捜索にあたっていた大分県日出《ひじ》町の尾畠春夫さん（78）が、曽祖父宅の北東約560メートルの山中の沢で男児を見つけた。名前を呼ぶと、「ぼく、ここ」と答えた。連日30度を超える暑さの中、失踪から実に68時間後だった。理稀ちゃんはその後、元気に退院した。

第2章

生い立ちと修業時代

小学5年で農家に奉公へ

私は昭和14（1939）年の10月12日に大分県の国東半島《くにさき》で生まれました。国東市安岐町《あき》の両子寺《ふたごじ》のすぐ近く。おふくろのおっぱいを飲んでいるときに、今の杵築市《きつき》に引っ越した。

父（左）とともに

うちの親父は昔かたぎの人でした。酒も好き、タバコも好き、女も好きだったから家を一生持てなかった。子どもが7人もいたので、厳しかったんでしょうね。その7人は、上から順に長男、長女、次男、三男、次女、三女、四男の構成でした。私は三男です。

親父の仕事は下駄《げた》の製造販売でした。桐下駄などを作っていた。ちょうど履き物がゴム製品に変わる頃で、下駄が売れんようになってしまったんです。母もその手伝いをしており、まさに一家で製造・販売していた。父が病死した後、一番上の兄が父に代わって下駄作りや修理、行商で下駄の歯を替えるなどをしました。

両親は器用だった。山の持ち主のところに交渉に行って、成立したら桐の木を切り、運んで割る。１から１００まで自分たちでやっていました。見えないＤＮＡとでもいいましょうか、その後の私の生き方に大きな影響を与えたのかもしれません。

母は41歳で亡くなりました。四男はまだ小さかった。私も実は母についての記憶は多くはありません。でも、７人もの子を育てたことはすごいと思います。その忍耐強さは私も受け継いでいると思う。顔も母親似かな。今でも、その母に一番褒められたいと思っています。現在住んでいる家でも、母だけは遺影を仏壇に飾っています。

41歳で亡くなった母

母が亡くなった年、私は小学5年になりました。その1学期に、村で一番大きい農家に奉公に出されました。家は貧しいし、きょうだいの中で私が一番よく食べた。「春夫はよく食べる『大飯食《おおめし》らい』だから家で養ってやれんから農家に奉公に行け」との理由からでした。

今思えば、「春夫なら元気だから奉公に出しても大丈夫だろう」と思われたのでしょう。農作業を手伝いながら小学校に通った。その農家で作っていたのは野菜。あと米が多かったね。国東の特産の七島藺《しっとうい》（畳表の材料）も作っていました。

学校はね、小学校5、6年は、まあまあ行かせてもらえた。田植えや稲刈りのときは学校を休みましたけどね。あと、奉公先のおやっさんが、ちょっと体が弱かったから、小学6年のときから馬を引いて草切りなどもしていた。中学1年になったら、そのおやっさんの代わりにいろいろな作業をしていた。それでもう中学校にはあまり行けなくなった。

雨が土砂降りのとき、外で農作業ができないときは、おやっさんが「今日は学校へ行っていいぞ」と言ってくれた。でも雨が上がったら教務室に電話がかかってきて「もう帰ってこい」と言われました。後で先生に出席日数を計算してもらったら「お前は3年間で4か月しか通っていない」と言われた。もう今は廃校になっているけど、速見郡八坂村立八坂中学校でした。中学校では勉強したとか、友達と遊んだとかいう記憶は全くないですね。

八坂中学校の卒業写真。学校にはほとんど通えなかった

中学卒業後、別府の魚屋に

中学校を卒業すると同時に、今度は魚屋さんに奉公に出ました。魚屋さんは別府市にあった。別府に出るときに親父が30円くれた。

昔は、10円の青い紙幣だったんです。そのとき「親父から初めてもらった小遣いをどう使えばいいかな」と思った。実は別府までの運賃が30円だったんですよ。私、列車に乗るときは、ただで切符をくれると思っていたからね。親父がくれた30円は切符代だったけど、列車なんか乗ったこともなかったから、そんなことは分か

松原市場があった付近（手前の公園の向こう側）。今はマンションなどが建っている

らないよね。

片道切符代だと分かったときには、まるで「特攻隊」と一緒だと思った。自分にはもう家に帰るという選択肢はありませんでした。

「春夫、あんたは声がでかいし、魚屋がいい」って言うものだから、姉の紹介で行ったんですよ。自分にとって姉の言葉は親の次に重い。もとより姉のことを信用していたので、それに従いました。親父がいなかったら、その次は兄貴の声、兄貴がいなかったらその次は姉貴の声だって小さい頃から、ずっと言われて育ってきました。

魚屋は大変でした。明治生まれのおやっさんじゃからね。住み込みだった。別府市内の中心より南にある松原公園の近く。当時西日本一長いといわれたアーケード街を1本横に入った松原市場の中にある店で、「ふじや」という魚屋だった。その市場には魚屋が4軒あって、姉もその中の1軒で中学卒業後に女中をしていた。

「ふじや」は場所を移し、最近まで営業していた

その別府の魚屋には3年いました。山の中から出ていった田舎の坊主頭の中学卒が、頭下げながら「おはようございます」「こんにちは」「ありがとうございます」「いらっしゃいませ」と、あいさつの基本から学んだ。魚のことはほとんど分かりませんでした。まずは魚の名前を覚えることから始めましたね。

当時は、まだ実家は井戸水。そんな時代に水道があって蛇口をひねったら水が出る。それは、たまげました。自分にとっては大都会でした。1階が店で、2階が住居。おやっさんやおかみさん、お嬢さんら皆で一緒に寝ていました。

それまでが極貧でしたからね。食事にアラの煮つけが出たのを見て驚きました。それまで毎日イモとカボチャでしたから。こんなうまい物があるのか、と衝撃を受けました。

フグの勉強で下関の唐戸市場へ

その別府市の店で3年働いた後、おやっさんから「お前、魚屋になるんだったら、フグの勉強をした方がいい。下関の唐戸市場《からといちば》に行け。そこに俺の知っている店があるし、若い働き手を欲しがっているから」と言われたので、「お世話になりました」と頭を下げて下関の唐戸市場に行ったんです。そこでも3年働きました。

ところで、私は下関におったときに告白されたことがあります。20歳くらいの人かな。その人は大きなスーパーの店員の女の子で、飽きのこない顔をしてた。その人から「尾畠さん、私と付き合ってくれんかね」って言われたことがある。

21歳のときかな。そのとき私は、今の女房と結婚して魚屋をするって決めとったから「ごめんなさい。今、修業時代だから。大変申し訳ない」と謝って断ったんです。そして次の日もね、彼女は私の魚屋の目の前で味噌を売っとったから「おはようございまーす」ってあいさつした。

それでもって、終わりました。女性から「付き合ってください」と言われたのは、この1回きりだったと思います。

昭和30年代の別府時代、給金は辞めるまで1か月が２００円でした。下関時代は１００円アップして３００円。どちらも、半分くらいは貯金していた。先ほど話したように姉が「あんたは魚屋をしなさい」と言っていた。同じ母の腹から出た姉が言うことなので、自分の店を持つことを疑わなかった。

魚屋に15歳で入ったとき、石の上にも3年というが、全く魚屋の「さ」の字も知らない田舎の小僧が独立するのには、最低10年はかかると思った。

そろばんの「そ」の字も、学校で勉強していなかったしね。私は田舎の出身で学歴もない、学問もない、資格もない。そんな人間が店を持って魚を買いに来てもらうには、人がしないような修業をして、どんな事にも対処できる人間になってから店を持たんと、同業者にはとても敵《かな》わないなと思っていました。

商売を学びに下関から神戸へ

フグのことを一通りマスターして、下関の店を辞めるときは、かばんの中には着る物だけを詰めて店を出ました。そしていろいろと考えた。下関駅から日豊《にっぽう》本線に乗って大分に帰るか、別の列車に乗って、そのままどこかに行くか。21歳だった。魚屋になるには、やっぱり商売人にならないといけない。その頃は新聞を拾って読んだり、ラジオを聴いたり、自分なりにいろいろと情報を集めていて、どうやら「商売人になるには、関西に行って、いろんな勉強をした方がいいな」と思った。

それで下関駅の駅員さんに「おじさん、神戸までの切符ちょうだい」と言った。当時はＳＬですよ。各駅停車です。なんで大阪じゃなくて神戸だったかというと、大阪って大都会なんですよ。あんな大都会に行って、自分みたいな田舎者がやっていけるか心配だった。それで一つ手前の神戸に決めた。

下関を出て、翌日の午前中に神戸に着いた。神戸駅からちょっと行った所に新開地がある。それをずっと北に上がって行くと楠木正成像がある湊川公園があった。その近くには、男の「修行場」でもある福原があった。湊川公園を西に少し行ったら松竹演芸場、周辺には有馬に行く神戸電鉄の駅がある。そのすぐそばに東山商店街があって、大きな市場があった。ここにプロの商売人がたくさんいて、大勢の客が買い物をしていると思った。

商店街に入ったらすぐ右側に漬物屋、左側に下駄屋があって、そのすぐ斜め前に「魚周《うおしゅう》」という魚屋があった。のぞいてみると、おやっさん、ねえさん、若い事務の人がおった。「でっかい魚屋だな」って思った。聞いてみると、神戸の海上自衛隊あたりに魚を卸しているという。「関西にはこんなでっかい魚屋があるんだ。さすが商売人の街だな」って思ったね。

「店員募集　若干名」の貼り紙

しばらく店の様子を眺めていると、戸板の裏に「店員募集　若干名《じゃっかんめい》」の貼り紙があった。恥ずかしいけど、私はね、この若干名の字が読めなかったんです。「なんか若い」って何のことかと思った。

貼り紙には続けて「保証人2名、履歴書持参」って書いてあった。履歴書は分かる。自分の学歴とか、そんなものを書かないといけないんだ、と。だけど、保証人って何だろうって思った。もう、「当たって砕けろ」でした。

それで木戸（背戸《せど》）を通って、裏から「こんにちは」って店の中に入っていった。すると、12人が一斉に見たんですよ。映画の『二十四の瞳』みたいなもんじゃね。私は田舎くさい格好で、どっかの風来坊みたいな感じだったからね。

それでも、おやっさんに「昨日の昼下関を出て、今朝神戸に着きました。店の貼り紙に店員募集って書いてありましたんで、ここで雇っていただけませんでしょうか」と言った。おやっさんは「まぁ、入れよ」と奥に入れてくれた。そして「出身はどこなの」「何をしていたの」って聞いてきた。

私は「大分の中学校を出ました」「別府の魚屋さんで3年働きました」「下関の唐戸市場で3年フグの修業をしました」「店の戸板に店員募集の紙が貼ってあったから、ごあいさつさせていただこうと思いました」と説明した。このときは、もうフグをさばけるようになっていた。

私の話を聞いたおやっさんは「おお、そうか」と言って、「じゃあ、そこにある前掛けをしろ」と言った。ちょうど店に商品を並べて、一服するときだった。切り盛りや皿盛りをするのに、切って並べる時間だった。おやっさんが「じゃあお前、ここにあるタチウオとハモ、シタビラメ、キングチを全てさばいてみろ」と。

またしても、皆の目が一瞬こっちを見た。出刃包丁も刺身包丁も、包丁類は一切持ってきていなかったから「包丁をお借りします」と言って作業に取り掛かった。ハモは魚が動かないように固定するため、目串を打って、ねばりを取って、ひれを取って、開いて、中骨を取って骨切りをした。次のタチウオは背びれを切って、頭を取って、上からツボ抜きして、しっぽを切って並べた。

今度はシタビラメ。バター焼きにしたらおいしい魚だけど、頭を押さえてしっぽを持ってうろこを取って、反対にしてまた取った。頭のところは身があるから残して、鼻のところにちょっと切れ目を入れて、親指でピッと押し出して、出たところを包丁で切って、しっぽの先をちょっと切って並べた。

キングチはうろこを取って、両びれ、背びれ、腹びれ、胸びれを取って、それでツボ抜き。頭のところのえらを取って、縦割りしてからはらわたを出して水洗いして並べた。

「おやっさん、僕ができるのは、これくらいしかありません」って言ったら、「今日から雇っちゃる」と言ってくれた。「ありがとうございます」と答えた。それから「尾畠くん、給料はいくら欲しいんだい」って聞かれたので「1か月間働いているのを見ていただいて、おやっさんが決めた金額で結構です」と答えた。

保証人もいない、履歴書もない。飛び込みで行って、4種類の魚を水洗いさせてもらっただけで、「給料いくら欲しいんだ」という。それで1か月働いたら、おやっさんは給料を6千円くれた。びっくりした。腰を抜かした。下関時代は月300円でしたから。

これだけ僕にくれるんだったら、自分が持っている6年間の技術を最大限に生かそうと思った。目いっぱいやらせてもらおうって思った。

同じ年の仲間と仲良くなって

そこに私と同じ年の男がいた。昭和14年生まれ。彼は5、6年前にその店に入っていた。中学卒業と同時に。その意味では私と同じですよ。その男に「尾畠君、おやっさんから給料いくらもらったの」って聞かれた。「6千円」って答えたら、「えっ」と言われた。その後、彼は1週間ほど店に来なかった。ショックだったんだろうな。でも、悪いけど彼よりも私の腕の方がずっと上だった。ハモの開きや骨抜きにしてもね。

それでもちょっと彼のことが気になったから「おやっさん、すみません。給料を彼よりもちょっと下げてください」と言った。そしたら、おやっさんは怒ってね。「尾畠、お前、最初に俺に何て言った」と。「いや、『私の仕事ぶりを見て決めてください』と言いました」と答えると、「だからお前の仕事ぶりを見て決めたんだ。何を今さらおかしいんじゃねぇの」と言われました。本当にすごいおやっさんだなと思った。

その後、「あいつは放っておいたらいい。1週間経ったら必ず来るから」と。そうしたら本当に8日目に彼は来た。そして「尾畠君、一緒にやろうや」って言ってね。それから彼とものすごく仲良くなった。ホンダのバイクで二人乗りして六甲へ行ったりした。バイクの免許は摂津本山で、車の免許は明石で取ったんですよ。

キャベツの千切りで一目置かれる

こんなこともあった。夏になると大根はぐんと値段が上がるんですよ。1日につき大根30本を機械にかけて刺身のツマを作るんだけど、大根が高いと売り上げに響くなと思ったから、おやっさんに案を出したんです。

「おやっさん、出しゃばったことを申し上げて申し訳ないんですが」と。おやっさんが「いいよ。お店のことだったら何でも言え」って言うから「大根の代わりにキャベツを使ったらいかがですか」と提案した。

材料の大根が高いのでケン（付け合わせ）を少なくすると、ツマがペチャっとして、見た目がおいしくない。キャベツを使ったら半値以下で済む。大根で5千円だったら、キャベツなら2千~3千円くらいで済む。

問題は、大根は機械で切れるけど、キャベツは包丁で切らないといけない。店員は10人いるけど、キャベツを千切りにできる人は誰もいない。それで「僕に切らせてもらえませんか」って言った。

ちょうど店の近くに八百屋さんがあったんで、そこでキャベツを買ってきて、千切りにしようと思ったら、また店の皆がこっちを見るんですよ。刺身包丁の長いやつで、キャベツを４つに割って、斜めに切って芯を半分出して、上の大きいやつを包丁で切った。爪楊枝《つまようじ》くらいの細さに。それを水にさらして、水切りをして冷蔵庫に入れた。そして「刺身のおじさん」と呼ばれていた先輩に「できました」と渡した。キャベツがパチッとなって刺身がきれいに見えた。しかも値段は半値以下だった。

それを見たとき、皆がびっくりしちょった。それから皆の見る目がコロッと変わった。実は、別府でも下関でも、キャベツを切っていた。１日に30個くらいのキャベツを。大根がたくさん取れるときは機械でやってたんだけど、大根が高くなるとキャベツにしていた。急に思いついたわけではない。これまでの経験です。

「実るほど頭《こうべ》を垂れる稲穂かな」って言葉があるでしょう。人格者ほど謙虚であれという意味ですが、「昔やってたから」なんて言うのは駄目です。だから、そのことは言いませんでしたよ。

男の「修行場」で生き方を学ぶ

神戸の魚屋さんには結局、４年間いました。最初の奉公から独立まで10年って決めていたから。別府3年、下関3年、神戸４年、合計10年ということで。でも、それですぐ独立とはなりませんでした。

別府と下関の時代は給金が安くて、なかなかお金をためられなかった。神戸では１か月６千円もらっとったけど、バイクや自動車の免許を取ったし、すぐ近くの福原に男の「修行場」があったから、ついついお金を使ってしまった。

そこで男の生き方を教わった。当時、22歳か23歳の頃。「男というのは、仁義を忘れてはいけない。借りたものには必ず礼をする。受けた恩は返すこと」など。

そして、「生きた金は使え。死んだ金だったら、どぶに捨ててもいいから使うな。使った後でいろいろ後悔するんだったら、どぶに捨てろ」と。また、「お金は貸さない、借りない。貸すんだったら、その人にやる気でないと駄目。１００円貸すんだったら、10円プレゼントして、返してもらうな。そして二度と金を渡すな」ということも教わった。もらった給料を片手に、いろいろ社会勉強もさせてもらった。

私は、決して人をいじめない、悪口を言わない、曲がったことはしない、とも心に決めました。そして、見られて嫌なものを見てはいけん、聞かれて嫌なものは聞いたらいけんということも。「頭《こうべ》を垂れる」ようになったのも、この場所で学んだことです。

給料の半分（３千円）は貯金していました。小遣いが底をつきそうになったときは、飲み屋のねえさんに「今、金がないんじゃ」と言って、代金をいつもの3分の1くらいにしてもらったこともありました。その代わり給料をもらったときには、５００円の代金のところを世話になったといって６００円払ったりしていました。

上京して、とび職の経験も

当時は東京オリンピックの頃で、働けば働くほどお金が入ってくる時代でした。魚屋を開店するには、もう少しお金をためる必要があった。結婚も考えていたし、開店してから最低1年間の運転資金も必要だった。それをためるのに、大体どれくらい必要かっていう計画を立てて、思い描いていることを短時間でやるには、何を職業にしたらいいんだろうかと思った。25歳のときでした。

それで東京都大田区大森西に行った。最寄りの駅は京浜東北線の蒲田駅と京急梅屋敷駅で、近くに東邦医大病院があった。そこにある会社で、とび職をすることになった。

そのきっかけは、神戸の魚屋を辞めて、近くの通称「ドヤ街」に住み込み、港の荷卸しの仕事をしていたときのことでした。東京に住んでいた兄貴（長男）が突然訪ねてきた。そして「春夫、お前魚屋の小僧を10年するって言っとったが、金をためるんじゃろう。じゃあ、東京にとび職がある。俺が知っちょるから」と紹介してくれたんです。

その会社はかつての江戸の火消しだった。バブルの時代だったから建築関係はいいだろうなと思っていたが、そしたら案の定ね、いくらでも仕事があるんですよ。とびというのはね、危険な仕事ですからね。もう命がけです。組の頭《かしら》がやる気と度胸のある者を見極めて命令する。いつも「尾畠、お前が一番上をやれ」って割り振るんですよ。いつも私は建物の一番高い危険な所を振られたんです。
7、8階の組んだエッジ溝は幅25センチくらいですが、その上を手押しの一輪車で行ったり来たりしたんだけどね。当時は、ヘルメットをかぶらなくてよかった。安全ベルトもなし。転落防止用のネットも張らなくてよかった。素っ裸で作業する人もいた。現場を、一輪車を押して運びまくりよったんですよ。一輪車の中身はコンクリートで、運ぶときは、1、2メートル先を見るようにしたものです。

給料が一気に月5万円に

1か月の初任給が2万2千円。これまでの神戸の約4倍だった。この当時としても、すごい給料ですよ。この固定給に、家の解体作業だと1日2千円がプラスされるんです。それで1か月5万円くらいになるんですよ。

昔はバールで壊すんですからね、機械ではなくて。普通の人じゃできない。私は魚屋だったから解体の経験はなかったけど、じっと見て人の技を盗み取るんですよ。見て盗むのは罪にはならない。人に頼んで教えてもらうと、何か返さないといけないから、見て盗むんです。

今でもボランティアのときに「あの人、何か面白いことやるな」と思ったら、じっと見て盗み取るんです。

とびの時代は3年間でした。お世話になる前に「おやっさん、別府に帰って好きな女性と魚屋を開きたいので、3年間ここでとびをやらせてください」と最初にはっきり言ったんです。

一番大きい仕事が、東芝の本社。時期は、とびを辞めるという少し前でした。そこで浄化槽ね、ものすごいでかいやつ。おやっさんから「尾畠、お前若いもんを連れて行って50人で浄化槽をやれ」って言われた。

それで現地に行ってみたら砂地なんですよ。砂地の所は崩れやすい。パネルを組んで、できたものを流し込んで、固まったらパネルを崩して沈ませる方法を取った。パネルを何度も組むという、同じことの繰り返し。乾いたらパネルを外し、また掘って埋めるっていう沈下方式。それを私がリーダーでやったら最高のものができた。

「のれん分け」を申し込まれるが……

それが完了したら今度はおやっさんが「木遣《きや》りをやれ」って。そのとき思った。「これはおやっさんの心が変わったな。ずっと居ろってことなんだ」と。仕事に就く前から3年間お世話になったら田舎に帰って、魚屋をしたいと伝えておいた。そのためにお金を稼ぐという思いも伝えていた。それなのにね。

おやっさんに「もう3年間お世話になったから、別府に帰って魚屋をやりたいんですけど」って言うと「まだ期限があるじゃないか」と言われてね。はんてんをくれたんですよ。はんてんは頭《かしら》の印です。「のれん分け」みたいなもの。「尾畠、お前は尾畠組をつくれ」って。周りの仲間から「俺は30年勤めて、やっと組長からもらったのに」と言われたほどでした。

それだけ言われても、やっぱり魚屋だった。私はね、自分で一度決めたことを途中で曲げたり、変えたりするのは嫌なんです。今までも、これからもね。

結局、とびは約束の3年で辞めた。最後の仕事は平和島・鈴ヶ森の刑場跡の前にガソリンスタンドがあって、そこに燃料タンクを造れと言われて。それをやらしてもらったことが、東京での最後の仕事になりました。頭はもう私の意志が固いということを知って引き留めることはなかったけど、「はんてんを返せ」とは言わなかった。

そのときのはんてんは今でも持っています。別の会社のお兄さんからは縫ったらはんてんになる生地、中に会社の名前が書いてあるものをいただきました。それも自宅にあります。

修業時代を振り返ると――プラス思考という言葉が大好き

戦前に生まれ、戦争を経験し、戦後の荒廃《こうはい》や復興、そしてバブルも経験した。今となってはあの時代に生まれたことに感謝しています。イモとカボチャばかり食う時期もありましたが、それも良い思い出です。

我が家は貧しかった。自分が記憶している限りでは子ども時代、満腹になったことはありません。馬や牛の餌《えさ》を食べたり、草をゆでたり、栗をきょうだい皆で拾ってきたりして食べていた。正直ね、もう食べるだけで精一杯。だから19歳で歯がなくなりました。魚や肉はもう、高嶺の花だった。

だけどその頃、本家の叔母さんにあたる人がイモを使った「こねこ餅」を作ってくれるなどして、親切にしてくれた。同じ集落、歩いて5分くらいの所に住んでいたからね。仏様のような人でした。後に生まれた私の娘には、この人にちなんだ名前を付けました。

奉公に出された以上は腹をくくるしかない。世の中はなるようにしかなりません。このとき「やるだけやってやろうじゃないか」と心を入れ替えたのです。以来、奉公に出された家のおやっさんとねえさんを親だと思って何でも言うことを聞きました。全ては飯を食うためです。

成人してからは、奉公に出されたことは良かったと思えるようになりました。一時期は、「きょうだいの中で、なんで俺だけ学校にも行けず、こんなことになったんだ」と思っていた。だけど、東京で働いて、これだけのものを稼げる根性をつくってくれたのは、親父が「農家に行け」っ言ってくれたからだと思う。今は感謝ですね。奉公の経験は今の私の宝になっています。後ろ向きで得をすることなんてありません。だから自分はプラス思考という言葉が大好きなんです。

別府市の魚屋で3年修業した後、山口県下関市の魚屋で3年フグの勉強をしました。さらに神戸市の魚屋で関西風の魚の切り方やコミュニケーション術を4年間学んだ。仕事以外でも、ブリ、カンパチ、ヒラマサ、ハマチなど、ブリ系の魚をさばく練習をしていました。店で魚を切って薄皮や厚皮をはいだら、全部取っておきました。それを店が終わった後に使わせてもらって、身だけ残っている部分をハモに見立てて骨切りの練習をするんです。これを何回も繰り返しました。

それぞれで多くのことを学びながら、魚屋の開店を目指しました。ところが当時、魚屋の給料は安く、開業資金を全く準備できなかったんです。

そこで、開業資金を短期間で用意するために、今までに述べたように上京しました。そこの親父さんに「俺には夢があります。3年間働かせてください。その代わり、絶対に『NO』と言いません。どんな仕事でもやります」と直談判しました。とびや土木の仕事の経験は、今のボランティア活動に役立っているかもしれませんね。ありがたいことに、会社から「このまま残って頭《かしら》になれ」と熱心に誘っていただきましたが、自分は決めたことは必ず実行するのが信条。これは今も昔も変わりません。その意味では、面倒な男かもしれません。

第3章

結婚、魚屋を開店、そして「引退」

女房になる人の父親に会いに行く

大分に帰って、店を探すことにしました。でも長い間、東京をはじめ地元から遠く離れて暮らしていたから、どんな所で店をしていいのか、分からなかった。お店探しと同時にというか、それ以上に重要なのが嫁さん探しだった。

地元・大分に帰ってすぐに、女房の父親に会いに行った。そのとき、「東京で3年間頑張った証拠を見てください」と父親に言って、これまでの通帳を見せた。貯金は何百万だったか、その額はあまり覚えていない。だけど、その通帳を見たお義父さんの目がピタッと止まったことは、よく覚えています。金額もそうだったけど、入金ばかりで出金がゼロだったんです。

東京で稼いだ金がほとんどだったね。東京ではね、「小回り」という働き方でやったら、5日間かかる仕事を、3日か4日で終わらせることができるんです。「小回り」とは、「普通」だったら8時間労働なのを、9時間、10時間、11時間に延ばして、急ぎの仕事に対応すること。朝早く出て、夜遅くまで働く。そういう「小回り」で働いてためたお金だった。

私には魚屋を開く夢があった。「家の手伝いをよくする人が一緒だったら店も繁盛するじゃろうし、楽しいじゃろうな」って思っていた。そんなことは女房本人に言うことはなく、自分で勝手に思っていただけじゃったんだけど。

ことわざに「将を射んと欲すれば、まず馬を射よ」っていうのがありますよね。父親を馬ととらえて、まず父親に近づいて行った。女房の父親は昔、戦艦「陸奥」に乗っていた人で、一見してとても気難しい人だった。キセルは先が曲がっているけれど、それさえも嫌。曲がっていることが本当に嫌なのね。

だから「親父さん、おはようございます」「お願いします」「おやすみなさい」と、いつも顔を合わせるたびに、必ずあいさつして、まずは親父を射よう（承諾を得よう）とした。そうこうしているうちに、段々女房のことが好きになってきて。まあ、勝手に思っているだけです。だから彼女の気持ちを確かめようとは考えなかった。彼女は私の気持ちには全く気付いていなかったと思うけどね。

その当時はガスがなく、竈《かまど》で木を燃やして、タコや貝をゆでたりしていたが、親父さんはどこからか木や板を拾ってきたりしていた。当時は、トロ箱を持っていけば2、

3円で買ってくれたんですよ。近海物を入れるトロ箱と遠海物を入れるトロ箱とは、木の厚みが違ったんです。

竈で焚《た》くのに遠海物のトロ箱を渡したら、お義父さん喜んでくれるんじゃないかなと思って。渡すと、案の定喜んでくれて「あんたが持ってきてくれたトロ箱はよく燃える」とお礼を言われた。そうやって徐々に、気に入られていったんですよ。

公園に呼び出し、思いを伝える

別府の魚屋を出る前に「ちょっと公園でお話できませんか」と言って彼女を連れ出したことがある。「愛してる」「恋してる」っていう話はせずに「どんな食べ物が好き」「僕は田舎で農家に奉公に行っとったんだよ」と、少しずつ話をしたりして、接近していったんだけど。

今考えると、付き合っていたわけではないよね。何度か公園で話をしたくらいで。下関に行ってからも、ほとんど文通をしないし、電話もしない。お盆に帰ったときに別府に寄って「お義父さん、お元気ですか」ってあいさつに行くくらい。手土産を持ってね。彼女に新しい彼氏ができたら、それは仕方ないと思っていた。自然の流れに逆らってもしょうがないから。流れに逆らって勝った人はいないです。

「結婚しよう」って言ったのは、東京でとびをしていて、田舎に帰ったときだった。東京から毎年夏になると帰省していた。まだ私の親父が、一人で住んでいたからね。そのときも「好き」とか「恋」とか、そういうことは、一切言わなかった。「自分は別府に帰ってきて魚屋をしたいから、僕と結婚して魚屋をやってくれませんか」と彼女に申し込んだ。

彼女の父親から「明日結婚しろ」と言われる

彼女とは店を開く半年前に結婚しました。28歳のときです。先に述べたように東京から引き揚げて、彼女のお父さんのところに行って、通帳や東京のとびのおやっさんからもらったはんてんを見せたら、お義父さんの顔色が変わってね。「あ、これはいけるな」と思ったから「お嬢さんと一緒にお店を開きたい」と言ったら「明日結婚してくれ。明日しろ」って言ってくれた。「お前を全面的に信用する」って意味じゃたんじゃろうな。通帳を見せて「明日結婚してくれ」って言われたときは「やった」と思いました。

その後、お義父さんに「これから店を探すんじゃゃけど」と言ったら「お前どこで店を探しとるんじゃ」と聞かれたから「別府の街中は嫌じゃけど、ちょっと街から離れた所でやりたい」と言った。するとお義父さんは「どんくらいの広さか知らんけど、店は俺が探してやるから、お前は好きなことをしろ」と言ってくれた。

そこで、もっとお金をためないといけないと思って、大分県日出《ひじ》町の生コン会社で働くことにした。そこのミキサー運転手です。大型免許を持っていたし、ちょうどその会社が開設したばかりで人を募集しとったから、事務所に行って「別府に彼女がおって、結婚して魚屋を始める準備をしたいから、1年くらいミキサー車に乗せてくれ」って頼んだ。

その年の10月ごろ、お義父さんが来て「いいか悪いか分からんけど、あんたの貯金を見合わせて、これがいいかなと思った」と、探してきた店のことを話してくれた。

小さな家で、昔は豆腐屋だった。店の構えができとるわけですよ。小売店みたいなね。土間も張ってあった。そこじゃったら自分で流しをつけてケースを置けばすぐに店が始められると思った。

昭和43年11月1日、待望の魚屋を開店

そこは、今の別府市中須賀東町の春木川小学校の近くにありました。もう空き家になっちょったんですよ。部屋が1部屋。炊事場とトイレがあった。風呂はなく、近くの風呂屋に通いました。そこで早速、店を作る準備を始めた。29歳でした。まだミキサー車に乗っちょったんで、かなりお義父さんに手伝ってもらったね。

嫁の実家から車で15分くらい。店の準備は、業者を一切入れないで全て自分たちでやったんです。魚屋のケースは、たくさん水を使うから井戸を掘ろうと思った。店

昭和43年に開店した「魚春」

36年間営業していた「魚春」があったところ。徐々に買い足して、作業場（左）なども設けた

の横に15メートルのものをね。地質も良かったから自分で掘って。丸いコンクリート型のものを売っていた。このときは、とび職時代に浄化槽を設置した経験が生きた。お義父さんも「春夫さん、わしが中に入って掘ってやる」と言ってくれた。あのときは、もう60歳近くだったと思うけど、さすが元海軍の人だな、と思った。

そうして昭和43年11月1日に、待望の店を開いた。29歳のときでした。名前は「魚春」です。二文字をくっつけると鰆《さわら》。もちろん、自分が一番好きな魚ですし、「魚」の「春」という感じもいいですしね。

お天道様がずっと見守ってくれたからでしょうか。店をオープンしてから閉店するまで、一日も赤字になったことがない。初日からずっと利益が出ました。今考えても、これは不思議なことです。何か運命的なものも感じます。

実は、開店当初はそんなに魚が売れないのではないかと思い、およそ1年分の運転資金を準備していた。失敗するか、売れるんか売れんのんか、全く予想がつかない世界ですから。結局、その運転資金は手つかずのまま残りました。それはもううれしかったです。そのときの世間様へのお返しもあって今、ボランティアをしているのですが……。

水銀問題で試練、女房の機転で大繁盛

ただ、ずっと良かったわけではありません。一番大変だったのは、熊本で水俣病が発生し、全国で水銀が問題になった時期。毎日、水銀の環境汚染を気にしていた。もうね、イワシ1匹売れんかったですよ。その時分は、うちの店の前に人が通らな

いんです。車は通るけど、人の姿が見えないのです。

うちはね、別府大学通りから春木川小学校前までの道にあったんですよ。交通の便も良く本来なら人通りは多いはず。たとえ店に買い物客が来なくても、人通りはあってもおかしくない。もしかしたら、魚屋に行くことができないので、気を遣って私の店の前を避けていたのかもしれない。そんなこと気にしなくてもいいのにね。

そう思っていた頃、うちでよく魚を買ってくれていた、あるおかみさんからこんなことを言われてね。「ごめんね尾畠さん、新聞でああいうの、つまりＰＣＢとかが載っちょったから、うちの家族もお父さんも魚を食べんのよ。料理にも魚一切使わんから」と。「そりゃあ、いいですよ、奥さん。気を遣わんでください」。そんなやりとりがあったと記憶しています。

すると女房が「お父さん、私が惣菜作って売るのはどうかな」って言い始めた。陳列ケースはあるからね。そこで、自家製のコロッケやサラダ、きんぴらなどを売った。魚の煮つけはしなかったな。揚げ物、から揚げはしたけど。

店で売っていたひじきを、油揚げなどを入れて炊いて、パックにして売った。その頃は、発泡スチロールが出始めていて、大きな包装用ラップもあったからね。それをケースに入れて並べたら、びっくりするほど売れてね。売れて、売れて売れまくって。もちろんコンビニもない時代。そもそも惣菜を売っている所もあまりなかったので、ヒットしたのかもね。

「ねえさん、おいしいよー」。「魚春」はいつもお客でいっぱいだった

やっぱり商売人の娘だったから、そういう才覚があったのかな。こういう感覚の持ち主と結婚して良かったなって。「わしは絶対、この人を幸せにする」と、改めて思ったものです。

こうしてお店も順調だったので、棟続きの家を買い足して拡張しました。日出《ひじ》町に家も建てた。私は自分の家が持ちたかった。うちの親父は自分の家を生涯持てなかったから、6回くらい家を転々とした。借家暮らしだった。あのつらい思いを自分はしたくない、だから、自分の家を持とうと決めたんです。

小学校にクジラ肉を納める

あるとき、自宅近くの小学校の校長が、いきなり訪ねてきてね。「尾畠さん、うちの小学校にクジラ肉を納めてくれませんか」と頼まれた。クジラ肉の竜田揚げというのは、そのとき、その小学校では他の魚屋が入れてたから、ちょっと変だなと思ったけどね。その魚屋は私が納品したら仕事がなくなるじゃないですか。狭い街だから、市場も一緒で毎朝会うのに、商売敵《がたき》になるんですよ。だから校長に「すみません、夫婦二人の小さな店なので」と断ったんです。

そしたら今度は地位のある方を連れて来て。そこまでされるんなら断れんなと。普通だったら3割利益を乗せるんですけど、学校だからと思って2割にしたんです。利益はだいぶ違うけれど、子どもたちが食べるものなのでそうしました。

クジラ肉の筋を全て抜いて80%くらい赤身にして給食に出した。しばらくすると、よその小学校の栄養士が店に来たんです。その栄養士さんは、「尾畠さんとこのお肉は軟らかくて、硬かったクジラ肉を全部食べるようになった。『先生、おかわりちょうだい』と言う子もいます」と話されました。

そのとき、「うちの学校の子も同じ別府市の子ども。うちにも差別しないでクジラ肉を入れてほしい」と依頼された。そう言われたら仕方がない。「お宅にも納めさせてください」と引き受けることにした。

結局、全部で9校に納めた。その中には新興住宅地の学校もあって、1380人も児童がいるマンモス小学校もあった。もちろん、そこに入れるクジラ肉も全て筋を抜いてね。それは大変だったな。女房と子どもたちはご飯を食べたら、すぐ寝させた。私は一睡もせずに、一人でクジラ肉を切った。それが7、8年続いたかな。

クジラ肉の筋は、そもそも小指みたいな筋ですから、切るのは大変な作業。でも、一つひとつ丁寧に筋を抜いたものを竜田揚げにしたらおいしい。硬いんだから子どもは食べられない、と思っては駄目なんです。

65歳で魚屋を閉め、第二の人生に

手前味噌になるけど、うちの店は近所の評判も良かったと思う。毎朝、魚市場で競り落とした安くて新鮮な魚を扱っていた。儲けは考えず、「残ったら魚がかわいそう」と、お客さんにただ同然の値であげちゃうこともありました。いくら繁盛しても、最後まで夫婦二人で店をすると決めていたので、店の構えを大きくするとか、もう一店舗出そうとかは考えませんでした。

近くの魚市場に買い付けに行っていた

閉店したのは、今から約14年前の平成16（2004）年。65歳の誕生日でした。15歳のときから私は50年働いて、そして65歳になったらやりたいことをしよう、と決めていました。

また、私には息子と娘、それに孫も5人いる。息子は大学に行くこともできた。それもこれもお客さんが魚を毎日買ってくれたから、皆さんが温かく手を差し伸べてくれたからこそ、今の生活があると気付くようになったんです。

閉店したときのことは今でも忘れられない。店先のカーテンを閉め、戸口に「長い間ありがとうございました」と書いて、ガムテープで貼った。しばらくしてご愛顧のお礼をしようと考えた。ちょうど、有料のゴミ袋が導入された頃だった。実用的な物がいいと思い、それぞれ束で何枚か買って、得意先に配ることにした。そのとき、どの家からも「自分で買うから要らない」と断られた。何だかさみしい気分になった。

36年間営み続けた「魚春」。店は右側

そして、決まって言われたのが「うちの家族は、あんたの店の魚がおいしいから、あんたの店の魚だけを食べた。閉店するなら、あんたのとこ以上においしい店を紹介しなさい」と言われた。一瞬まごついたけど、最大の褒め言葉だと思って、言葉にできないうれしさてくれました。

を感じた。頭を下げっぱなしの私に対して、「元気にお過ごしください」とねぎらっ

29歳で独立してから、65歳まで一生懸命に魚屋を営んできたことを誇りに思いました。そして、一仕事やり終えた充実感もあった。これからは、商売のときにお世話になったこと、そして、鮮魚を扱い、その命をいただいて商売を続けてきたことに対して、少しでも何らかの形で世間様にお返しできればと強く思ったんです。

第4章

ボランティア人生に邁《まい》進《しん》

天応小学校（呉市立）の児童たちから
贈られた似顔絵入りの寄せ書き

最初のボランティアは由布岳の登山道整備

最初のボランティアは、地元の大分県・由布市の由布岳《ゆふだけ》（１５８４メートル）の登山道整備でした。山登りは40歳ごろから始めていたけど、平成６（１９９４）年に北アルプス山脈を単独縦走したときに、山小屋や登山道を整備していたボランティア活動に初めて接しました。ある登山家が40年もかけて個人的に、登山道を歩きやすくするために、力を入れていることを知った。50歳代になった頃でした。

そのとき、こう思ったんです。大分にはあの深田久弥が絶賛した「豊後富士」と呼ばれる由布岳があるじゃないか、と。これまで数えきれないくらい登ってきたけど（月に27、28回登ることも）、それは単に登山をするだけだった。山への感謝の気持ちを形にするために何かしたいと思って、まずは登山道の整備を始めました。

登山道に倒れた木を撤去したり、急傾斜の場所に登りやすいように階段も作ったりした。全ては恩返し。魚を買ってくれた人への恩返し。自然の素晴らしさを教えてくれた山にも恩返し。その気持ちだけです。

登山道の階段の土台は、大分県内の各地の海岸に打ち上げられた漁業用の網を拾い集めて、手で筒状に編み上げました。買った物は一つもありません。全てが廃材利用です。斜面に埋め込みながら、一段一段仕上げていきました。その階段の補修をするために、時には50キロ以上の材料を背負って登ることもあってね。ただ、一度も重いと感じたことなんかありません。

山登りをする人の安全のために、竹で作った特製の杖も用意しました。登山口に置いてもらっていて、山開きのときに毎年、２００本を贈呈しているんです。手に取る人には「最低、10本以上ならいいよ」と言ったりしているんです。もちろんジョークですがね。

海岸に打ち上げられた漁業用の網が、
登山道の補修に役立った

朽ち果てていた休憩用のイスやテーブルも、このままでは危険だと思い補修しました。15年間、このボランティアを続けたという理由から、ありがたいことに表彰状をもらったりしました。面映《おもは》ゆい気持ちですね。少しでも楽しく、安全にしたいと思っただけですから。

南三陸町で「思い出探し隊」隊長に

取り立ててボランティアを実践しているとか、どのボランティアが大切かという気持ちはありません。ただ、地元の由布岳以外で、一番長く関わったのは東日本大震災の宮城県南三陸町のボランティアです。

「思い出探し隊」というものがありました。被災で土に埋まったり、流されたりした物の中から、思い出の品を探し出して、持ち主に届けるお手伝いをする人のことです。その思い出探し隊の隊長に、どうして自分が選ばれたか不思議ですね。「尾畠さんが一番適任者だから」と言われたけど、他にも適任者はたくさんいたはずだしね。

思い出探し隊のとき一番思い出に残っているのは、志津《しづ》川の河口からかなり上に行った所での出来事です。川は上に向かっていくほど細くなっている。そこに流された家が、もう何軒も重なっていたんですよ。

出発するときに地元の社会福祉協議会の親分から、「こういう所は探さないでください、近づかないでください。危険ですから」と注意されていたんですが、私は心の中では「くそ食らえ」と思っちょるんですよ。流された人の気持ちになったら、親分の命令だといってもね。

手を伸ばせば、思い出の品がぎりぎり取れる所なんだけど、がれきの中だからね。その中には一歩も入ったらいけん。「危険じゃない所でやってくれ」と言われたけど、ちょっとでも、半歩でもがれきの中に入って手を伸ばせば取れるだろうな、という所があれば、私はもう無視して入ったりしました。もちろんお勧めはできませんけどね。

そのうちの1か所に、ちょっとだけ地上に出て、あとは土の中に埋もれていた写真がありました。写った側は見えなかったけど、裏側の白い部分が三角の形で出ているのを見つけて、確実に写真だなと思いました。結構な大きさがあって、遺影かなとも思った。

それでボランティア4、5人の人たちに「ねえさんたちは絶対入らないでください。私はいろんな所

南三陸町でボランティアの一員として活動した
(写真：読売新聞／アフロ)

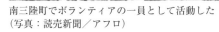

で経験があるから、あそこに入って取らせてもらいますから」と言って、がれきに入って出したらね、6歳くらいかな。小学校に上がるか上がらないかくらいのかわいい女の子の写真が見つかったんですよ。

びっくりしてね。本当に良かったと思った。もし私が行かなかったら、この「写真の子」とは二度と会えなかったかもしれん。がれきの所は業者が来て、どんどんショベルカーが撤去作業するからね。

「顔」の写っている写真は大切に

学校の運動会のときなどに使う白いテントがいっぱいある所に、1か所だけ探し出した写真を洗う場所を作ってもらったんですよ。ただ、集めた写真をどう洗ったらいいのか、どう乾かしたらいいのか分からなかった。そのことに関しては、全く無知だったからね。

ただ、直射日光は駄目だと思った。それでPPロープという、荷造りなどに使うロープや洗濯バサミを使って、写真を干すことにした。ほとんどは拾った物を活用したものでした。きれいに洗って乾かしたら写真を置く場所があってね。思い出探し隊が探した写真やランドセルなどいろいろありますよ、という表示を出していたら、たしか、この女の子が写った写真が一番に家族に見つかったんじゃないかな。女の子の知り合いの方が、お礼を言いに来てくれてね。七五三のときか、なんかの記念日に撮った思い出の写真だった。その写真の女の子は、本当に笑顔がかわいくてね。今もはっきり覚えています。

思い出になる写真などを探し出した
（写真：読売新聞／アフロ）

仲間が増えるにつれて、多くの写真を探し出すことができました。その中には遺影もいっぱいあり、「顔がある写真は絶対ボツにしちゃいけん」と私は皆に言っていました。その代わり、「顔がない写真は、どんなにきれいでもボツにしてください」と。「顔」の部分には注意を払いました。

そうやって集めてきれいにした写真には、被災者の方が毎日たくさん押しかけてね。「あったよ」「今日はなかった」と、いろんな人が来てくれた。「これ、おじいちゃんの」「これ持って帰っていい？」。避難住宅とか仮設住宅にいるため、なかなか取りに来られない人には、代わりの人が持って帰ったりしました。

社協の人には「これらは、私が拾ってきた写真ではない。探させてもらって、見つかったから洗わせてもらった大切な品です」と、いつも言っていました。言葉は大切だから、言い方には気を付けていました。

被災者の気持ちになって、写真をきれいに見せる工夫を

もう廃校になったけど、志津川の中流域にある分校にブルーシートを張って、写真を並べたんですよ。写真を見せるのに、地べたは絶対に駄目です。まずロープを張って、ブルーシートを張って。シートをきれいに張ると、映画のスクリーンみたいになって写真がきれいに見えるんです。このブルーシートは、本当に役に立つ。その近くには、ランドセルとか、おもちゃとか、名前が書いてある物を全て並べました。

しばらくして大分に帰ろうとしたとき、社協のおやっさんから「尾畠さん、東京から写真の専門の人が来て『写真の洗い方を指導する』と言っているから、ちょっと帰りの出発を遅らせてくれませんか」と言われました。「分かりました。私はボランティアだから、親分の言われたとおりにします」と答えました。

４月上旬の、まだ寒い時期でした。大手フィルムメーカーの専門家が来て、開口一番に「誰がこういうこと（ブルーシートに写真を貼ること）をやったんですか」と聞かれたので、おやっさんが「大分から来た尾畠さんがやった。尾畠さんは皆が帰った後も、一人で、水で洗ってこうした」と言ってくれた。

すると、そのメーカーの人が「まさに、これを皆さんに教えに来たんです。尾畠さん、この知識はどこで勉強したんですか」と聞くから「勉強はしていません。でも家族や自分の写真が流されて、その写真を手にすると考えたときに、どういう風にしたら、親父やおふくろ、じいちゃん、ばあちゃんの写真が生き返るかなと考えた」と答えた。

写真を水で浸して泥の汚れが浮いたら、そっと持ち上げて水に浸しながら、自分で作ったハケで、一番に写真に写っている人の顔を洗うんです。それから首、胸、両腕、へその下、足を洗って、また、きれいな水で浸して、そっと裏返してまた同じことをやる。

不思議と写真が近づいてくる

直射日光を避けて写真を干したことが正解だったようです。陰干しですね。そのときに、常に自分の写真と思ってさせていただきました。探すときも自分の身内のもの、自分の子どものものとか、自分のことに置き換えて探させてもらった。

すると不思議と写真がね、近づいてくるんですよ。これは本当です。「そんなことあるわけない」と信じないかもしれませんがね。だから、女の子の写真を見つけたときも「着物を着た子どもが、私を呼んだんだ」と思ったんです。「私、ここにいるよ」ってね。

一緒に写真を探す人は、最初の頃は私を入れて５、６人でした。それがどんどん増えて11、12人くらいになりました。がれきなどを片付ける前ですからね。ブルドーザーが入ったりすれば、もう写真は探せませんから。

探した期間は４か月くらい。すごい量が出たんです。写真を洗うことに関しては、私が指導的立場みたいなので、参加してくれた兄さんが強くこすったりするのを見ると「申し訳ないけど、人物が写っているときは、もうちょっと優しくしてあげてください。写真に写っている方は、もしかしたらお元気かもしれないし、身内の人も皆さん待っていると思いますから」と言ってね。

「顔がない写真だけを処分してください」と言っているのに、顔が残っている写真をどんどん処分しているのを見て、ゴミ袋の中で見つけたときは「悲しいな」と感じたね。でも皆の前でそれを言ったら傷つくだろうと思って、皆が帰った後に、私一人が残って、ゴミ袋の中を確認して、顔がついている写真をもう一度探したりしていました。

津波被害を知って、大分から車を飛ばして南三陸へ

２０１１年3月11日、東北地方を中心に津波が来たとき、ＮＨＫテレビを見た直後、宮城県に住む知り合いに何十回電話を鳴らしてもつながらない。「これは、もう行動するしかない、行かないと」と。

近くの大型店に行って、知り合いのねえさん、おやっさんとお孫さんと娘さん夫婦が食べるのは何がいいかなと考えて。自分も食べないといけんから、パック飯とかラーメンとか日持ちのする食糧をいっぱい用意した。30キロ入りの玄米袋２袋も持って、津波が来てそんなに日数が経たないうちに、車で東北に向けて出発しました。

３月24日だったかな。

着くまでは、大変じゃった。関門トンネルを通って、山口から広島に、それからずっと国道２号線を大阪に出て、それから国道１号線を東京まで走って、国道16号線にまわって埼玉に。ちょっと遠回りになるけど国道４号線のバイパスをずっと北上して行った。まっすぐ行って、福島。

宮城に入った途端に、ガソリンがなくなってきた。寒かったな。家を出てから60時

間くらいかな、一睡もせずに走っていたと思います。５００ミリのペットボトルと、にぎりめしをたくさん作って、食いながら飲みながら行った。

ガソリンを入れようとスタンドに寄ったら、ガソリンスタンドにはすでに二重三重と人がいっぱい並んでいるけど、ガソリンがないんですよ。ロープに「ガソリン売り切れ」の紙が貼ってあった。あのときは「車の中で凍死した」とか新聞やラジオで言っていた。宮城で「ガソリン残り20％しかない、どうしよう。天に任せるか」と考えていた。

すると「ガソリン売り切れ」の貼り紙のある所でガソリンをついでいる人が見えた。軽トラックにはディーゼルはないから、「もしかして、ガソリンがあるんかな」と思って。

その軽トラの人に「私、大分から来た者です。南三陸町に知り合いがおって、心配だから昼夜ぶっ通しで走ってきて、ガソリンがなくなったんですけど、少しでもいいからいただけませんでしょうか」と頼むと、「車のタンク以外にも入れ物がある？あれば全て入れてあげる」と言って、ついでくれたんですよ。この人は、仏様か神様みたいな人だと思ってね。本当に感謝しました。

偶然に偶然が重なり、南三陸の歌津へ

ガソリンを入れてもらって、国道45号線に出ようと思ったら、道路はあっちもズタズタ、こっちもズタズタ、鉄橋は落ちているし、どっちに行っていいか分からん。ちょっと迷ったんで川下から右岸を見たら、がれきのすぐ後ろには津波が来ていない、車のある家があった。

「私は、大分から来た尾畠春夫です。南三陸の歌津にお世話になった人がいるので、その方に少しでも恩返しさせてもらいたいと思って。行き方を教えてもらえませんでしょうか」と聞いたんですよ。

すると、その人が「いいよ、私も今から歌津中学校に行くところだから」って。もうちょっと遅れとったら、その人は出発しとったんよね。たまたま歌津中学に行く用事があって、「私が山道の中を先に走るから、その後をついてきて」と言われた。

そうして歌津中学校に着いた。体育館が避難所になっていて、そこにいた南三陸

町役場の職員さんに聞いたんです。「大分から来た尾畠です。昔、日本縦断のときに、お世話になった方に会いに来ました」。そう伝えると、職員さんが「その方なら今、お兄さんがいるよ」って言って、すぐ「あんたの妹に会いたいという人が来とるよ」って叫んでくれて。ものすごい偶然でしょう。びっくりしました。

その方のお兄さんが「妹のところに行くから一緒に行こう」と言って。家は、歌津中学のすぐ近く。娘さんと家族と一緒に住んでいた。再会のときは、20分くらいハグして、ねえさんもボロボロ泣いちょって。私も涙ボロボロ。ねえさんと知り合ったときは、まだ50歳代だったかな。まだ現役の看護師だった。

家は大丈夫だったけど、家の下まで津波が来ていた。ねえさんが「電気、電話が通じない」って言うから、「それは、私には何もできない。けれど、お孫さんたちに玄米を持ってきました。白米とは違って日持ちするから、食べてください」と言って60キロ米を置いた。それから、南三陸町のベイサイドアリーナに行って、ボランティアを始めたんです。3月28日のことでした。

仮設住宅がなくなるまでは禁酒

そのとき引き受けたのが、先ほど述べた「思い出探し隊」の役割です。隊長を頼まれたとき、無学の人間だから、どんなことをするのか分からんし、詳しい説明もなかったんですよ。遺影とか、かばんとか、いろんな物を探して、持ち帰って、洗って持ち主のもとに返してあげる。これだったらできると思って引き受けたんです。

大型車の免許を持っていたから、遠い所にはマイクロバスに皆を乗せて行った。約2か月近くいて、いったん大分の自宅に帰って、地元の大型店に行って買い物して、また一般道を通って南三陸に戻った。大分と南三陸を行ったり来たりしながら、延べ500日は過ごしました。

一体、何往復したかな。ガソリン代が片道2万円かかるんですよ。往復で4万円ちょっと。荷物も目いっぱい積んどるからね。1か月の生活費（年金）5万5千円の80％くらいは使った。ガソリン代などにね。

南三陸の光景を見て思うところがありました。避難所のベイサイドアリーナには1800人もの避難者がいた。ぎゅうぎゅう詰めで身動きもできない。にもかかわらず、誰も文句を言わない。同じ日本人でありながら、こんな思いをしている人たちがいるんだと思った。酒なんか飲んでいる場合ではないと思ったんです。

それで南三陸でボランティアをしながら、もともと大好きだったお酒をやめることにした。東北地方で最後の仮設住宅が取り壊されるまではやめようと決心した。それまでの自分は浴びるほど飲むタイプでした。しかも、ストレートでしか飲んでいなかった。でも、この7年間は一滴も飲んでいないんですよ。

南三陸町でボランティアをしているとき、私は2回ほど現地で誕生日を迎えたことがあります。現地で「ホワイトハウス」と呼ばれるきれいな白いテントがあり、社協の親分から「今日は尾畠さんの誕生日だから一杯飲もう」って誘ってもらったことがある。「酒は絶っているから」と断ったんです。それで、私だけ2回ともカルピスを飲みながら誕生日のお祝いをしていただきました。

閉店して、すぐに新潟県中越地震のボランティアへ

被災地のボランティア活動の最初は、新潟県で起こった中越地震のときでした。

２００４年10月で、私が65歳になって、店を閉めたすぐ後のことでした。

魚屋時代、皆さんがいっぱい魚を買ってくれた。それで65歳までの夢がかなって、子どもも思った通り学校に行かせて、それぞれ就職も結婚もして、孫も順調に育って。今のこの幸せは自分の力だけでつくったもんじゃない。世間、社会の皆さんが私を応援してくれて「尾畠さん」「春夫さん」って言ってくれたから。

この宝をくれた世間様に、何らかのお返しをしたいと思っていました。ボランティアは50歳過ぎから始めていましたが、本格的にやりたいと思っていた矢先のことでした。

恩着せがましいとかの気持ちは全くないんです。私は、対価物品は求めないし、飲食も受け付けません。ただ、「お接待」はいただきます。「どうぞ」と言っていただけるものはね。困っている方に少しでも手を差し伸べさせてもらえれば。その気持ちだけです。

この赤いつなぎは新潟県中越地震のボランティアのときからずっと着ています。うちの女房が「お父さん、なんでも明るい色が好きやね」って言うけどどね。赤は２着あるんですよ。

嫁入り道具の重厚なタンスを2階から下ろす

新潟での一番の思い出は、ある女性との出会いでした。新潟にはバイクを走らせて、大分から向かいました。柏崎の海岸にテントを張って作業をしていたとき、悲しそうな目、本当に落ち込んだ表情をしていた女性に会いました。

それで「何か心配事でもあるんですか」と声をかけると、嫁入り道具として持ってきた大きなタンスが2階にあって、階段から下に持って下りられないらしい。

ものすごく重いし、オール一枚板ものの高級品なので、下ろすとなるとバラさないと難しい。やるだけやらしてもらうことになって、段取りを考えました。毛布や座布団でタンスを包んで、PPロープで結び、2階の窓から出して、レールのようなものを取り付けて、2トントラックの上に下ろしました。タンスの奥行きがかなりあったので、難しい作業でしたが、その女性のうれしそうな顔は今でもはっきり覚えています。

熊本地震や九州北部豪雨の被災地にも駆け付ける

地元・大分近くの被災地にも、度々ボランティアに行きました。熊本地震のときは益城町《ましき》に、九州北部豪雨（平成29年7月）のときには福岡県朝倉市に出掛けました。

益城町では、うれしかった出来事があったんです。ちょっと出しゃばりなのかもしれんけど、ボランティアセンター（通称ボラセン）に行ったら、私はまずその日のニーズを聞くようにしているんです。「今日は一般の人が作業するのはちょっと厳しいかな」という日もあるから「じゃあ今日はブロックの片付けとか庭の泥出しをやります」みたいな感じでね。

「今日は道具を修理しようか」という日もある。木製の柄の部分とか「ケンスコ」や「カクスコ」と呼ばれる鉄製のスコップなどの道具。ちなみに、大きさが半分なのは「ネリスコ」。「ダルマスコ」とかもありますよ。

ボラセンは午前9時から受付なんです。ある日、テントの中で作業をしていたら、若者が一列に並んで「尾畠さん、おはようございます」って言うんですよ。5人くらいが「宮城県の南三陸町から来ました」って。「なんでここに、益城に来てくれたの」って聞いた。

するとl「尾畠さんにロープワークやら、いろいろなことを教えてもらって、うれしかった。尾畠さんのいる九州でボランティアをやらせてもらおうと思いまして。熊本地震では49人が亡くなって、このうち29人が益城町と聞いたから、尾畠さんは絶対そこにいると思って。皆で話し合って尾畠さんのところに行くことにしました」と答えてね。それは、もううれしかったですね。

（注／熊本地震の犠牲者数は、２０１８年８月末時点で、関連死を含めると最終的に２７０人余りとなった）

津波から5年、南三陸町の式典に招待される

ある日、南三陸町の町長から手紙が来ました。それには「津波があってから5年になるから、ボランティアなどの皆さんに感謝の集いをしたい。団体ではなく個人を招待して、ベイサイドアリーナで集いをしたいから、ぜひ来てくださいませんか。尾畠さんが来てくれんと感謝の集いが開けません」と書いてあった。

そこで南三陸町に行くと、個人のボランティアばかりなんです。「感謝の集い」には千人くらい集まっていた。

町長があいさつをして拍手があった後、町長が「ちょっと皆さんにご紹介したいことがあります。ボランティアの中に1人、すごい人がいて、この人がいないと南三陸はどうなっていたか分かりません」って言うんです。

あらかじめ紹介するとも言われてないし、私は通路の隅っこの一番会場から出やすい所にいたんです。ヘルメットかぶって赤いつなぎでね。そしたらスポットライトが当たって、恥ずかしかったですよ。

その紹介の後、皆が私のところにわっと来たんですよ。じゃけど、町長さんを責めても悪いと思って何も言わんかったね。

受け入れ態勢を十分にしてほしい

今、ボランティアをする人は増えています。でも、受け入れ先の態勢が不十分なこともあるんです。この前（2018年6月）の大阪府北部地震のときのこと。高槻《たかつき》、枚方《ひらかた》、どっちに行こうかなと思った。高槻の方が、ちょっと地震がひどかったのでそっちに行った。そこで印象的な事が一つありました。

軍手を配る受付の所で高槻の社会福祉協議会の人が３人、座っちょるんですよ。それも体格のがっちりした、現場で手伝えばいいのにな、と思えるような人がですよ。受付は女の子、１人でいいのにね。

そこへマイクロバスが来ました。そして土嚢《どのう》袋を詰める作業する大きな建物がある場所に行ったら、袋だけが置いてあった。袋しかなかったんですよ。土もなかった。「土は今から持ってきますから」と言われた。

それで私は「何の道具を使って土を袋に入れるのかな」と思って手を挙げたんです。すると「えっ、すみません、土嚢袋はあるけど、道具はどこにあるんですか」と聞いた。

これ（土）は手で入れるんじゃないですか」と。

社協の人がですよ。ボランティア作業のことを詳しく知らないからといって、まさか手で入れるとは思わないでしょう。小学生の子どもでもね、砂とか土砂はね、スコップで入れるでしょう。手で入れませんよ。それを聞いて腹が立つより、かわいそうだなと思った。物を知らなすぎますよね。

そこはコンクリートの上に、ブルーシートを敷いてその上に砂を置いてるから「ケンスコ」は駄目ですと言ったんです。先がとがったやつは、ブルーシートが破れるから。「ではどんなスコップがいいですか」と聞くから、「カクスコ」。女の人がするときは、小さい「ネリスコ」とね。

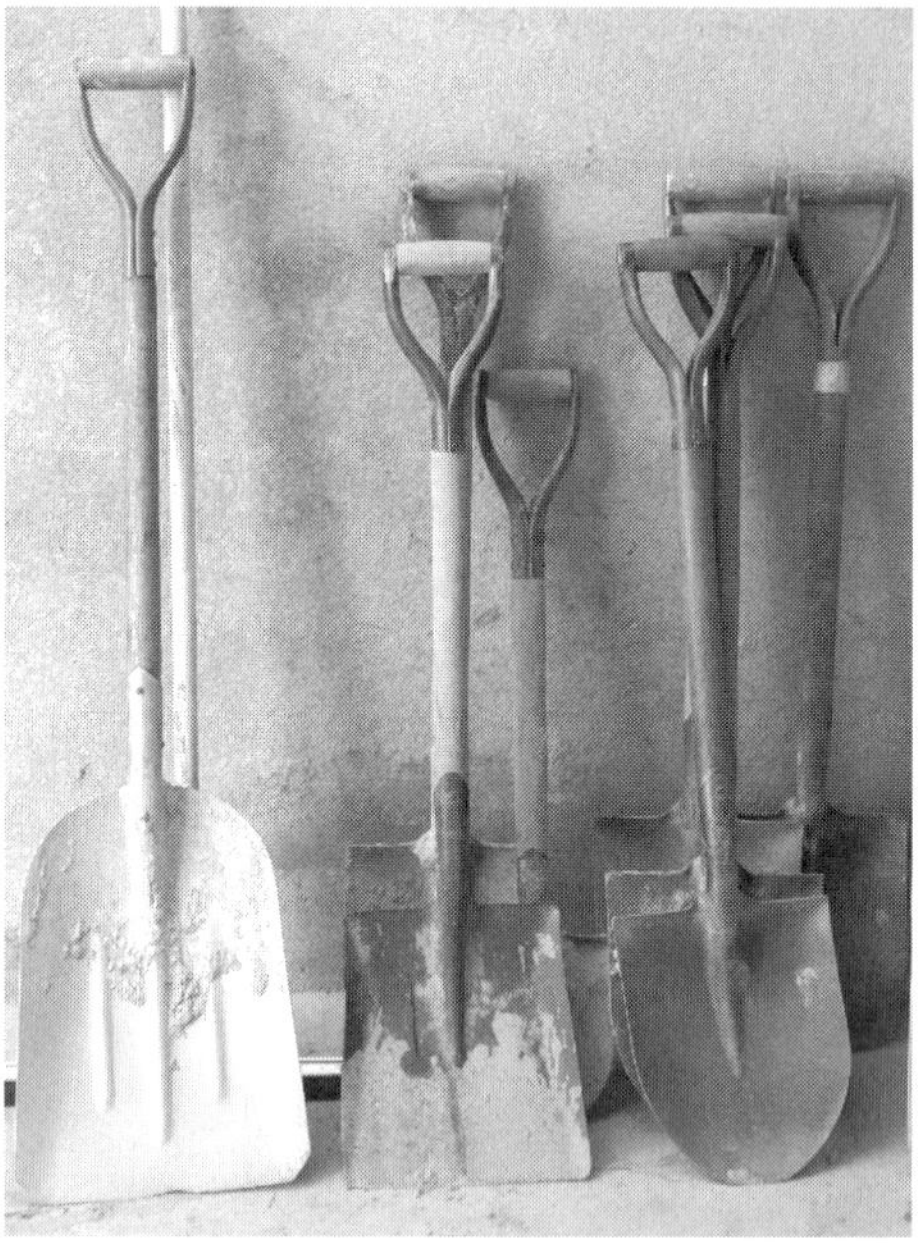

スコップにはケンスコ、カクスコなどいろいろな種類がある

その道具がないから、1時間待った。その間は皆、雑談ですね。しかも「カクスコ」と「ネリスコ」がいいって言ってるのに「ケンスコ」が何本も入ってるから「このスコップは駄目ですよ」と言いました。ブルーシートが駄目になるし、「ケンスコ」は使っては

いけません。

結局、あの場で約2時間弱待つことになったけど、皆、雑談をしたりして過ごしました。悲しいというか、つらいというか、何とも言えない気持ちでしたね。

熊本の益城町のときは、社協の親分に「一輪車がガリガリ音を立てるから、グリースがないと、ベアリング（軸受け）が割れてしまう」と言うと、すぐに買ってきてくれた。現地によって、態勢が違うんですね。

被災地では「暑い」とは絶対に言わない

私は被災地に行ったら「暑い」とは絶対に言わない。「暖かい」って言葉にしています。少し変だと思われるかもしれないけれど。もし自分が被災者だったらどう思うのか。ボランティアさせていただいているという立場を忘れてはいけません。

被災地の方から「こういう人は悪いけど、困る」と言われるボランティアもいる。現地に来てすぐに「のどが渇いたからジュースちょうだい」とか「汗が出たからタオルちょうだい」とか。私も何度も見ています。

でも、そういうボランティアを見ても、私は口も手も一切出しません。自分で気付いてほしいからです。

10人の中に1人か2人は、純粋にボランティアをしようと思って来ている人がいる。そういう人は、酒を断ることが多い。「私はボランティアに来ているから」とね。「飲み食いを受けるのはちょっと」と言う人は、その後もボランティア活動をずっと続けていますね。

また、私はこれまでボランティアをしていると、「うちのNPOに入ってやってくれませんか」とお誘いを受けることもありました。でも、「組織には入りません。私は単独が好きじゃから」と断っています。

すると「NPOに入ったら、食べ物や飲み物、泊まる所を全て用意するから」と勧めるんです。普通の人でこれからボランティアを始める人がNPOに入るのは、いいと思うんですよ。

南三陸で一緒にやった四国の人や、今東京にいる大学生の女の子から時々電話がかかるんですけど、その人たちはＮＰＯに入っていて、「ＮＰＯに入ったら、お弁当も出るし、すごくいい」と言うんですよ。だけど私は「あ、良かったね」と言うだけにしています。対価は求めていませんから。

第5章

呉市天応《てんのう》でのボランティア

恩のある広島の役に立ちたい

西日本豪雨災害の報道を地元紙で読んでいたら、以前、日本縦断旅行で歩いていたときに、お世話になった廿日市《はつかいち》のねえさんのことを思い出してね。それで、少しでも恩のある広島県で災害のボランティアをしたいと思いました。

豪雨 34人死亡44人不明
住宅被害519棟
土砂崩れ・水害続く
中国地方

西日本豪雨被害を報じる新聞記事（『中国新聞』2018年7月8日）

最初、被害が大きかった呉市の安浦でボランティアをさせてもらおうと思って、大分から国道を通って現地に行った。災害が発生してから3日目の7月9日だったと思う。そこには行方不明者も多く、ボランティア活動は今のところ遠慮してもらっているというので、そのときに紹介してもらった呉市の天応《てんのう》地区に来た。「天応」の読み方も知らなかったですね。「てんのう」とは、なかなか読めません。「てんおう」かと思っていた。後で、車に積んでいる辞書で調べました。

天応には、その日のうちに着いた。ボランティアに入ったら、まずボランティアセンター（通称ボラセン）がどこにあるかを確認します。それと役場などの公の機関の場所も確認する。あと土嚢《どのう》がどこにあるかとかもね。

さらに山、川、池など災害が起こったのはどこか。何が原因でどんな事が起こったか。現地に入る前に下調べしていたものを、現地で再確認する。そしてボランティアをする上で、危険なことはないか。そういうことをずっと見て回る。実際、天応でもボランティアを開始する前に、同じようなことをチェッ

車中泊をした天応小学校グラウンド。北側の山から多くの土砂が流れ出た

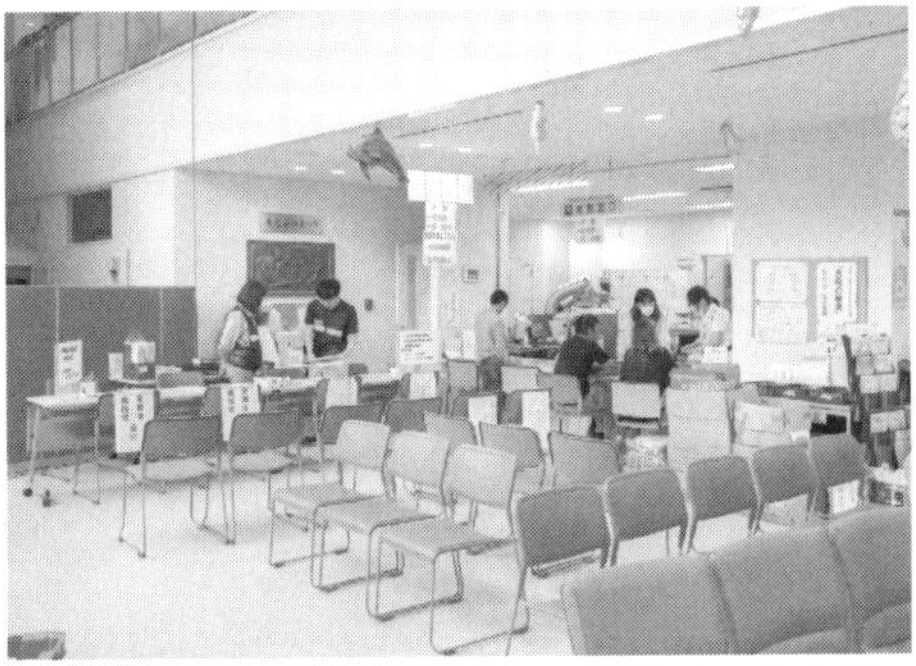

ボランティアセンターになった呉市役所天応支所

グラウンドの大きな木の下が車の「定位置」

クしました。

そのとき、気になったことがあった。被災地の近くに鳥居があってね。それが倒れかけているんです。震度3の地震でも倒れると感じた。それで、そのことを責任のある人に伝えたんですよ。そうしたら、話が伝わって、うまく対処してもらえた。

それからもう1か所気になった所があった。ボラセンのある場所から小さな川を少し下ると、橋脚にすごい量の木が流れて巻き付いていて、土砂と一緒にたまっていた。でも、ここはほとんど手付かずの状態。

そのときはまだ1人、行方不明者が見つかっていなかったから、早朝などに一人で捜してみようと思ったわけです。翌朝以降、毎日6時から私一人で流木の撤去を続けました。もしかしたら流された女の人がまだ、眠っているかもしれないと思ってね（注／その後、別の場所で発見された）。

床下の土砂のかき出しを手伝う

自分の体は自分が一番よく分かっているし、自分の命は自分で守る。このことは、常に自分自身に言い聞かせています。災害現場によっては、ボランティアが認められている範囲も違いますね。「危ないので、ここはボランティアは入れません」って言われる場所も、他の所では「ここはやってください」と言われるケースもある。

ある日、被災者のねえさんが「尾畠のおじさん」って呼ぶから、床下をのぞかしてもらった。その人の家は、床下にもぐって土をかき出さないといけない。でも床下の土を出すことは「ボランティアは駄目。禁止」と言われたという。だからねえさんは、80歳を過ぎているのに、一人でコツコツと土砂のかき出しをやっていた。

ちょうど、台風が近づいていたので、ボラセンは休みになった。結果的には、ほとんど雨も降らなかった。それで、私はこの家の床下の土砂の撤去を手伝いました。誰もがこんなことをする必要はないけど、私はこれからもこうしたお手伝いをしたいと思っています。

自前のボランティア道具を背負って現場に向かう

基本的にボランティアは自己責任なんです。でもね、それを知らないで来ている人も多い。難しいところだよね。私は、ボラセンの紹介による作業を終えた後も、自己責任で引き続き土砂のかき出しなどを行っています。一人でやることに対して苦情は出ないし、やっていい。先日も「他の人たちは帰ったけど、私一人でさせてもらいます」と言って、一人でやらせてもらった。私は居残りもザラです。

ついこの間も「尾畠さん、こんなにきれいにしてくれてうれしい」と言われたから「明日も来させてもらいます」と次の日も行った。喜んでくださるしね。だから直接、被災者のお家に行くこともあるんですよ。

工夫を重ねながら、独自の方法を編み出す

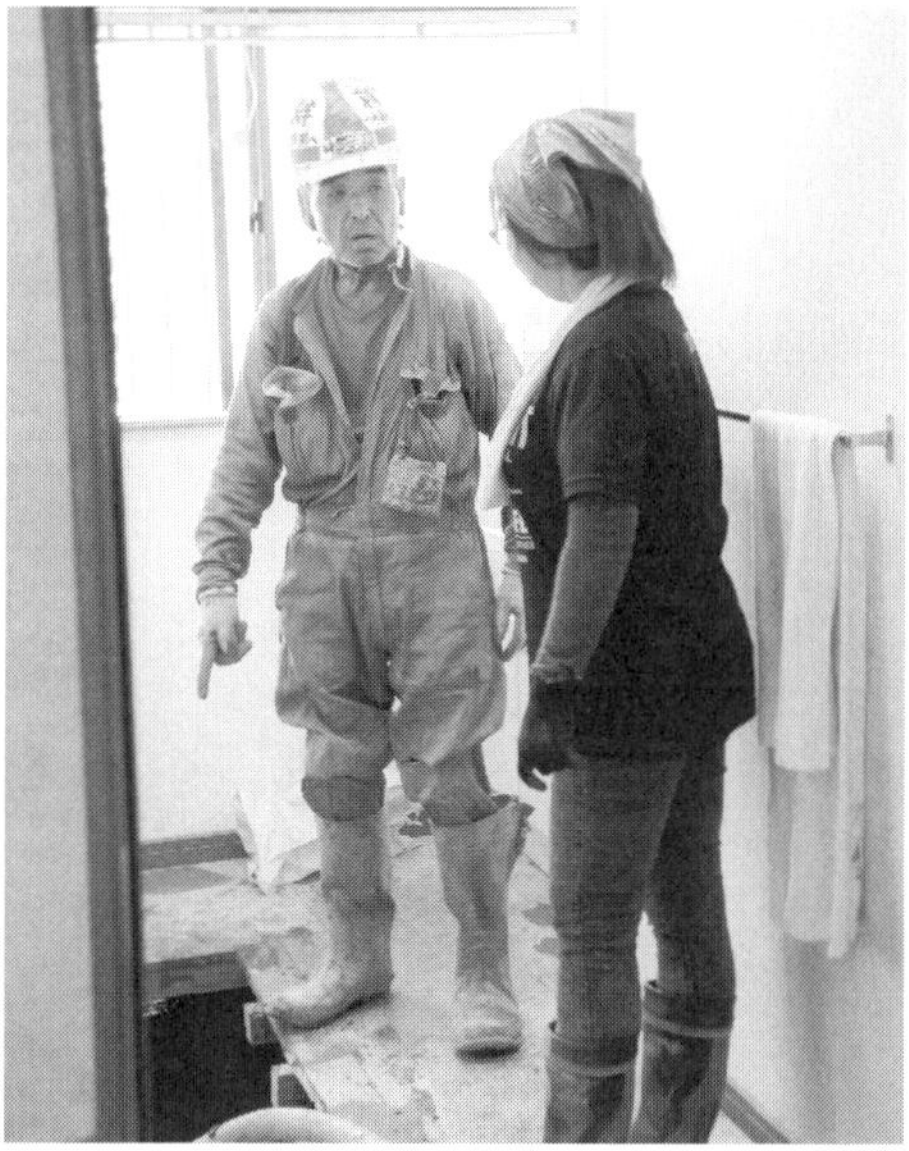

被災者の意向を聞きながら作業を進める

ところで、昔の畳は藁《わら》でできているから、水をたくさん吸ったら重いんです。畳を皆で抱えたら、ものすごく重い。でも、実は２人で軽く持てる方法がある。私のやり方は、敷いてる畳をまず、立てるんです。そしてドライバーを使う。裏側はズルズルになっている。そこにドライバーを前後に２本、打ち込むんです。

目印のラインを引いて、ドライバーの先が上を向くように下から斜めに打ち込む。こうすると、ドライバーのグリップを持ったときに平行になり持ちやすくなる。片方を右手で、もう片方を左手で持って運ぶんです。水平に運ぶと、軽い。

ちょっと奥まった所に大きな家があってね。そこの床板を上げたことがある。その板は合板（フローリング）を張っていて、その下に泥がたまっている。板をはがさないと泥をすくえないんです。

床下の泥をかき出すためスコップで床板を上げる

そこで「だれかリーダーになってくれませんか」って声が上がって1人が手を挙げた。静岡の人だったかな。その人の言い方はイントネーションに強弱がなくて、のっぺりとした話し方で、高低がない。そこで私が挙手して、「あの、大事なことは、高低つけてはっきり言ってください」って言ったんです。でも彼は素直だったな。ちゃんと私の言うことを聞いてくれた。

「この兄さんはすごいな」と思った。この現場はとてもうまくいきました。

ある日、若いボランティアのリーダーが「バールがなくて合板がはげない」と言った。彼はね、バールを、どのようにして床板に突き刺したらいいか分からないんですよ。「これは、時間がかかる」と思ったから、私が先のとがった「ケンスコ」を使って、床板の境目に当てながら打ち込んだ。うまい角度でやったらテコの原理で床板が上がるんです。

そうしたらリーダーがびっくりしてね。彼も人のやることを盗み見してね。バリバリとはげるようになった。若い人が少しずつ成長するのを見るのは楽しいものです。

とび職の経験を生かして

天応のボラセンは、９時から始まって15時に終わる。どの現場も基本的には作業時間は同じです。皆と一緒に朝、ボラセンに集まって、何人かでグループをつくって、土砂のかき出し作業をさせていただく。ボランティアの場所は、通常、その日に決まる。基本的に安全な場所を手伝うのが、ボランティアの役割なんですよ。

ボランティア仲間に、これまでの経験について話す

床下の土砂の撤去は、重労働です。床の高さがあまりないので、ずっと腰をかがめてしなければならないから、特に疲れる。一番しんどい場所は、私が積極的にするようにしている。何しろ経験だけは、他の人たちよりも長いからね。それにやっぱり、とび職の経験が生きているんでしょうね。風通しの良くない場所の作業だから、すぐに汗びっしょりになる。定期的に休憩時間を取って、水分補給をしながら、あまり無理しないことも大切ですね。

これからボランティアをやってみようという人に、私の方から積極的には話をしません。私はここに来たときはあくまでも、一人のボランティアだから。ただ、聞かれたら答えます。知っていること、自分が体験したこと、こうしたら危険だとか。破傷風菌《はしょうふうきん》や津波の怖さなどもです。聞かれたら私の知っている限りのことを伝えます。私は「来る者は拒まず、去る者は追わず」の人間ですから、聞かれたら何時間でも話します。

小学1年の女の子からもらった似顔絵入りはがき

訪ねてくる人がいたら、一緒にいろいろなお話をします。天応でも多くの人と話をすることができました。周防大島の「よしきちゃん」を見つけたこともあるかもしれませんが、地元の呉だけでなく、島根や鳥取、山口からも会いに来てくれました。南三陸のときボランティアを一緒にした方も、先日長野からリンゴを持って訪ねてきてくれました。その人たちとボランティアのことを話していると、いつの間にか夜遅くなることもあります。

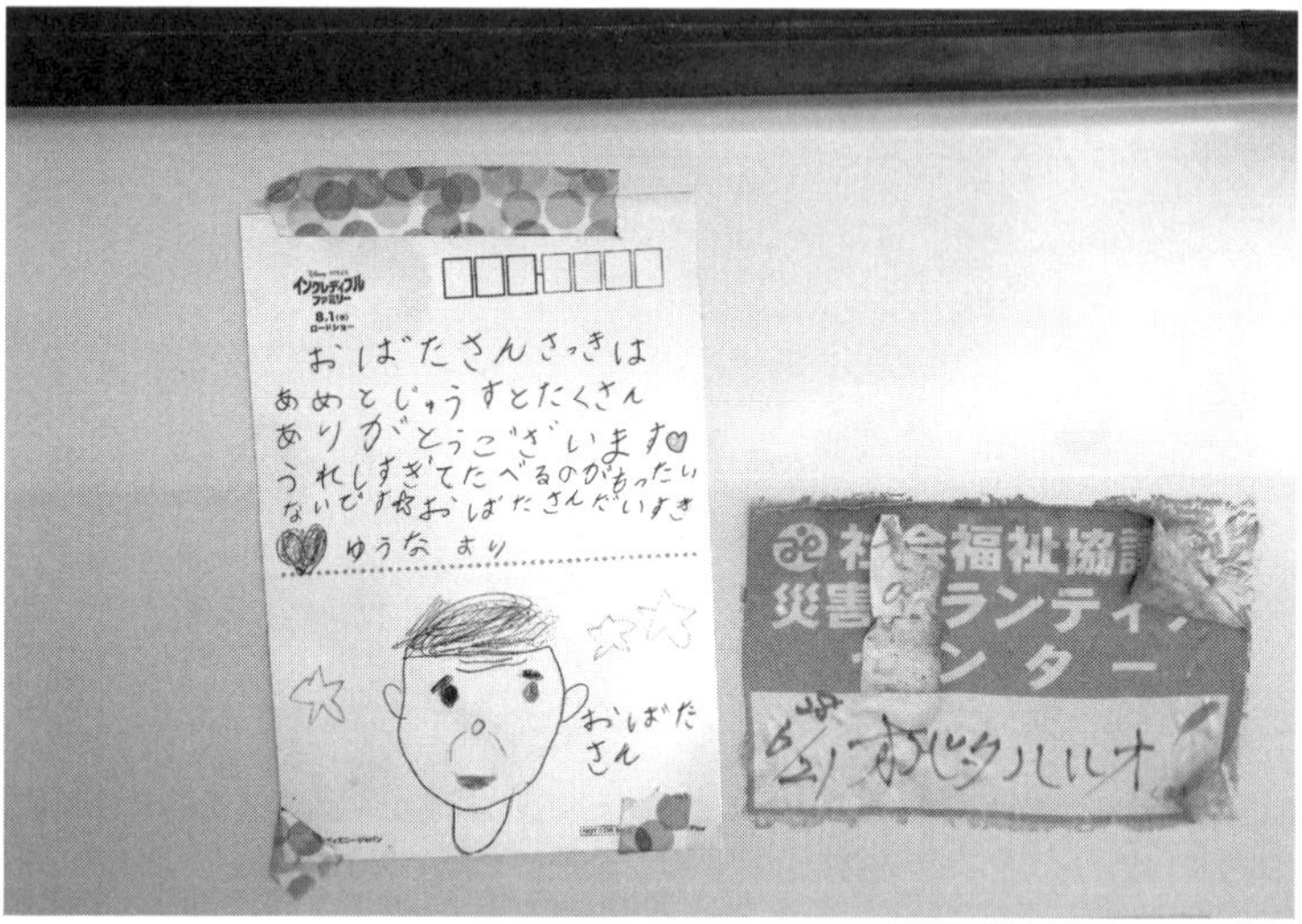

車に貼られたお礼のはがき。似顔絵も描いてある

私は地元の人とできるだけ交流を持つようにしています。でも、出しゃばることは厳禁です。それぞれ事情を抱えていると思うから。この天応でもいろいろな方とお会いしました。

小学1年生の女の子のことは印象に残っています。私は、地元の小学校の校庭に車を停めさせてもらい、そこを拠点としていました。ボランティアの作業が済むと、そこに戻って、仲間と話したり、持参のパック飯を食べたりしていました。夜はその車の中で寝ていました。

ある日、私の車に1枚の手書きのはがきが貼られていました。「おばたさん、

夜、寝付けなくて、母親に連れられて訪ねてきた女の子

だいすき。さっきは、あめとじゅうす、たくさんありがとう」と似顔絵入りのもの。その女の子は、とてもかわいい子で、いつもお母さんと一緒でした。

ある日、いつものように夕方、私の車まで女の子とお母さんが訪ねてきて、一度帰ったと思ったら、再び戻ってきてね。「尾畠さんがおらんくなったらいやだ」と言ったそうです。「おっちゃんのために涙流してくれるの。うれしいな。ありがとう」と抱きしめました。そして、少し慣れた後には、抱っこもしたんですよ。「泣きたいときは泣いてください。笑いたいときは笑ってくださいね」と言いました。

その前日のことですが、夕方に、この小学校の校長先生がＰＴＡの会長さんと一緒に来てくれて、いろいろお話ししたんですよ。そして、この女の子のはがきを見せたら、「この子、もしかしたら僕は知ってるかもしれん」と校長先生が言ったから、私は校長先生に「あなたすごいね、おじちゃんにあんな素敵な手紙を書いて、すごいねといっぱい褒めてあげてください」と言ったんです。すると校長先生は「そうします」と約束してくれて、うれしかったです。すごくね。

この女の子の字は、ものすごく上手だった。私の似顔絵もとてもよく似ていた。「上手だね」と言った後で「またいっぱい会って、お話ししましょう」「2年生になっても、3年生になっても、いつでもいいから大分に遊びに来てね」と。それから「おいちゃん、お魚屋だからね。おいしいお魚をいっぱい食べようよ」って言ったんです。

毎日、差し入れに訪れた年配の女性

作業を終えて、木陰のスペースに停めた軽ワゴン車に戻ってくると、毎夕《まいゆう》、決まって年配の女性が現れて差し入れをくださるのです。焼きそばのときもあれば、炊いたばかりの温かい惣菜のときもあります。

ほぼ毎日、手づくりの差し入れを持ってきた近所の女性

そのとき、女性は「今日もありがとうございました。私は体が悪くて作業ができない。本当に感謝しています」と言いながら、頭を下げるんですよ。私はジョークで「あれ、今日は泊まりに来たの」と答えるのですが、本当にありがたいことです。

そのような善意を断るわけにもいかないでしょう。金銭は一切受け取りませんが、差し入れであればありがたくいただきます。ただ、その女性は名前を明かしてくれませんし、どうお返ししていいのか。これが悩みなんですよ。

私は男性のことを「おやっさん」、女性のことを「ねえさん」と呼ぶことにしています。この呼び方は、もうずっと続けていますね。魚屋をしている時代からずっとで、ボランティアのときも変わりません。

マスコミの人に対しても、同じように接しています。「遠い所からご苦労さんです、おやっさん。まあ座ってください」と応じながら「でもね、ただの変わったおっちゃんですよ。自分なんて取り上げたら、売り上げが落ちるよ」と言っているんです。これは本当の気持ちなんですよ。

当然のことと思いますが、被災者の方の気持ちを考えて、言動の全てに気を付けています。赤い服を着ているのもこだわりです。被災された方の気持ちを少しでも元気づけたい。背中には名前が大きく書いてありますが、これには理由があります。被災している方は身元が分かる方が安心するんです。あいさつも欠かせません。黙っていると怖いでしょう。赤い服もそうですが、全ては安心感を持ってもらうためです。

軽ワゴン車に食料や水、寝袋を積み込み、助ける側から一切、力を借りないことが信条です。自己完結するのが真のボランティアだと思います。もちろん対価や物品、飲食、これらは一切いただきません。常に「してやる」ではなく、「させていただく」の気持ちでボランティアに臨んでいます。

復興いまだ進まず、ぜひボランティアに参加を

私も専門家じゃないですけどね。時々ボランティアの人が「今日の仕事はきつかったな」と言う。それに対し、私は「『仕事』というのは『対価』を受けることなんです。プロのサッカー選手やレスラー、登山家の三浦雄一郎さんや田部井淳子さん。あの人たちはプロ、私たちはアマ。だから、私たちがやっているのは『作業』なんです」と話しました。

ボランティアの場所を決めたら、ずっとその場所でするのが私の流儀です。もちろん広島県内には他にもたくさん、ボランティアが必要な場所もあると思うけれど、一度決めたら、そこで続けるというのが多い。

だから、徹底的にボランティアさせてもらおうと、広島でも呉の天応と決めたら、

とことんここで行うことにした。これからも当分、ここでお世話になるつもりです。南三陸町のときもずっと南三陸。新潟もずっと場所を変えなかったし、熊本でもずっと益城町《ましき》だった。あっちに3日間、こっちに3日間とか、そういうことはしないんです。

あらゆる仕事は段取り7割、実働3割

ボランティアで現地に行ったら、まず全体を見回します。災害に遭った地域をできるだけ歩きます。それは、とび職をしていた時代に兄貴分の先輩から教えてもらった「あらゆる仕事は、段取り7割、実働3割」の教えを大切にしているからです。段取りを7割やったら、仕事はものすごく順調にいくし、仕上がりもきれいになる。

そのためには、注意力を磨いておくことが大切です。東京・大森のとび職の時代に、「常日頃から視野を広げておけ」と教育されたからね。ただ、先に述べたように普通は人に聞いて教わると、対価が生じる。だから私は人がやっていることを見て盗みます。お金がかからないし、罪にもならないからね。

また、「人間の頭というか、知恵はいくら使っても減らん。でも、物はどんどん減っていく。記憶は忘れてしまうことがあるけど、記録しておくと残る」ということも、この兄貴から教わったんですよ。今のボランティアにも大いに生かされてますね。ボランティアには、臨機応変さと知恵が大切です。

「臨機応変さと知恵が大切」と語る

私は真っ赤なつなぎに「絆」「朝は必ず来る」などと書いたヘルメットをかぶっています。愛車を小学校の校庭に停めて、そこで車中泊をしながらボランティアを続けました。住民や他のボランティアの方が駆け寄って写真撮影を求めると、「10枚ならいいよ」と言っているんです。

一度、7月31日の夕方に地元の大分に帰って、そこで周防大島の「よしきちゃん」のことを知ってね。現地に行って捜して、再び地元・大分に帰って、この天応に戻ってきたのが、8月18日でした。以前と同じように、土砂をかき出し、その土砂を土《ど》嚢《のう》袋に詰め込み、指定の場所まで運ぶ作業を毎日続けました。とりあえずは8月31日までと決め、大分に帰る日の夕方まで作業をしました。そして、9月の半ばから再び天応で作業を続けています。

気軽に若者との写真撮影に応じる

2時間でもいいからボランティアに来てほしい

この天応地区もまだまだ復旧は進んでいません。ざっと20％というところでしょうか。

ボランティアは大切だけど、国とか県の支援はもっと大切です。やはり、そこが中心になってやらないと、なかなか復旧・復興は進みませんね。

それでも、ボランティアの手助けが重要なのは間違いありません。土日はそれなりに人数がいるけど、平日は次第に少なくなっています。１日が無理なら半日でも、半日が無理なら、２時間でも、スコップで土砂を取り除いてほしい。そうすれば、少しずつ土砂の入った土嚢が増えるはずです。

写真ルポ

ある日のボランティア

――広島県呉市天応地区／２０１８年８月27日

まず、蔵の床をチェックする

スコップを床の境目に当てながら打ち込む

土砂で埋まっていた天応の家。やっとボランティアが入れるようになった

第5章　呉市天応《てんのう》でのボランティア

被災者の「ねえさん」に気軽に声をかける

はがした床を使って蔵の中の通り道を作る

床板が次々とはがされていった

ある日のボランティア

休憩中はボランティアの仲間と談笑

作業が完了したことを被災者に伝える

終了後には、道具はきれいに洗う

率先してゴミを運ぶ

第6章

いつも全力疾走

日本縦断に挑戦――生まれた国を縦に歩いてみたい

私は、思ったらすぐに行動に移すんです。行動すると、結果として出るからね。だから、65歳で魚屋を閉めた後には、いろいろと挑戦することにしました。

どの挑戦も印象に残っているけれど、その中でも、66歳のとき、九州の最南端の鹿児島・大隅《おおすみ》半島の佐多《さた》岬から北海道の宗谷《そうや》岬までの約３３００キロを、一日も休まず歩いたことは、よく覚えていますね。仕事を辞めたら、ぜひとも挑戦してみたいと思っていたし、長年の夢だったからね。

40歳から登山を始め、ある程度、体力に自信がついていました。その自分の体力がどれくらいのものか、その限界を確かめてみたかった。これが、「生まれた国を縦に歩いてみよう」と挑戦した直接のきっかけでしたね。92日間の長旅でした。

出発したのは、店をたたんだ翌年の２００６年4月1日。私は何かものを始める日は、この年度始めの「4月1日」が多いんです。ものの始まりにちょうどいいと思うし、気分的にも「やってやろう」と思うからです。これとは逆に、ボランティアでも何でも、月末の31日までと日時を決めて頑張ることも多いですね。

出発地の佐多岬を1日にスタートするために、３月30日の夜行バスで大分から鹿児島に向かいました。「さあ、やるぞ」という気持ちの高ぶりはありましたが、バスの中ではぐっすりと眠ることができました。そして、31日の夜は佐多岬でテントを張って、翌日の出発の時を待ちました。

その日の夕食は、即席ラーメンでした。簡易テントを張り、そのすぐ近くに生えていたシロツメクサをむしって、ラーメンの中に入れました。四つ葉のクローバーで知られるシロツメクサは十分に食べられるんですよ。昔からよく食べていました。地元・大分の海岸で拾ったわかめも持参しており、これもラーメンの中に入れました。もう年金生活なのだから、できるだけ節約した旅でした。

1日に30キロ、靴は5足履きつぶす

基本的に一桁台の国道を歩くことにしました。例えば1号線とか、２号線とか、４号線とかです。道のりは、その国道を中心に九州西側から山陽道を通り、関東、東

北地方の太平洋側を抜け、北海道を縦断するコースです。

出発前には念入りにコースをチェックしました。1日に歩く距離を細かく決め、新聞に折り込まれている裏側が白紙の広告に鉛筆で記入しました。ここでも、できるだけ節約ですね。

旅の間は簡易テントを担ぎ、1日に30キロ以上を目標に歩きました。橋の下や公園で野宿をする生活。足の水膨れをつぶしながら、雨の中でも歩きました。体重はゴールしたときには7キロ減り、靴は5足履きつぶしましたが、一度として旅をやめようとは思いませんでした。長年の夢を実現するのに、つらいはずなんかないですよね。

九州から本州に入り、山口から広島の廿日市《はつかいち》市に足を踏み入れたときのことです。少し疲れたので、宮島が見える海岸線の道端で休んでいたら、ねえさんが来て、少しおしゃべりをした後、「気を付けて、頑張ってね」と声をかけてもらって、別れたんです。すると、少しして、たぶんねえさんの旦那さんだと思うけれど、おやっさんが追い掛けて来たんです。ねえさんと親しく話していたから、もしかしたら殴られるのかなと思っていたら、「大変でしょうから、足しに」と千円をくださったんです。その夫婦への感謝は今も忘れません。以来、ずっと年賀状の交換もしています。そして、これがなかったら今回、広島への恩返しにと、ボランティアの一員として広島県呉市の天応《てんのう》に来ることはなかったでしょうね。

南三陸町で出来立てのおこわをいただく

雨の日もありましたが、日程通り旅は進みました。旅先では連絡を受けた同級生が温かく迎えてくれることもありました。毎日、充実した時間を過ごしていました。生きているなと実感していました。

宮城県の南三陸町を歩いていたときのことです。5月28日だったと思います。佐多岬を出発して、もうじき2か月が過ぎる頃ですね。

南三陸の歌津に着いていて、歌津小学校でテント張って寝袋で寝とったら、すごい雨が降ってきて。びしょぬれになった服をガードレールに干して乾かしていたんですよ。そうしたら、そこへ右半身の不自由な元看護師の女性が通りかかって「おいちゃん、ぬれたん」「ご飯食べたん」って聞いてくる。私は「乾いたら出発しようと思うんじゃ。この先を歩いて瀬谷岬の方に行って、食べ物を買いに行こうと思う」と言ったんですよ。

そうしたら「昨日孫の誕生日で、おこわを炊いたのがあるから、それを持ってきてあげるけど、私見たら分かるように体が不自由だから、あの上の歌津中学校に持っていくから、そこまで来て食べてね」って言ってくれました。

でも今、会ったばかりの人に食べ物をいただくなんて、そんなことはできませんから「ねえさん、いいですよ。そんなことは」と断ったら「いいの。おこわはいっぱいあるんだから。昨晩も食べてないんだったら、おこわを食べて。元気になって歩いてな」って言って、30分後にレジ袋いっぱいのおこわを持ってきてくれました。

右手が使えんから左手で持ってね、熱々のやつを。レンジで温めてくれたんじゃろうな。それを下げて持ってきてくれて「これ食べて、元気で瀬谷岬まで歩いていってな」と励まされました。このとき「東北の人って、たった何分か前に声をかけてくれた人が、こんなに親切なんだ」と驚いたり、感謝で胸がいっぱいになったりしました。

あのおこわの温かさは、今も忘れられません。その人こそが、長い付き合いになる方です。その後も友人として、手紙のやりとりを続けていました。東日本大震災で南三陸町に駆け付けた一番の理由は、彼女の無事を確かめることでした。震災後に連絡が取れず、居ても立ってもいられなかったからです。

日本縦断をビデオに収めた女性

実は、この挑戦をビデオに収めてくれた人がいましてね。別府市で魚屋をやっていたときに、すぐ近くに住んでいた私と同い年の女性でした。ご主人が高校の校長先生で、彼女は小学校の先生をしておられた、素敵な方でした。ビデオ撮影が趣味で、私のことをいつもビデオカメラで撮っていました。由布岳にも、撮影のために一緒についてきてね。

宗谷岬に到着するシーンも収めたいと、飛行機でわざわざ追い掛けて来てくれました。その当時を思い出してみると、宗谷岬に着いたのが７月１日ですから、その前日の6月30日の夜のことだったと思います。

宗谷岬まであと少しの距離の所でしたが、バス停の小屋で寝ていました。北海道のバス停には小屋が付いていて、しかもしっかりした造りで、すきま風が入らない。寝ていると外からノックされ、驚いて外を見ると彼女が立っていました。夜の10時過ぎだったと思います。

まさか来てくれるとは、思わなかった。聞くところによると、飛行機が悪天候のため予定していた空港に到着せずに、少し離れた別の空港で降りて、急いで駆け付けてくれたそうです。大隅半島の佐多岬で別れてから、ほぼ3か月ぶりでした。自分の寝袋を彼女に手渡して、私は合羽《かっぱ》を着て寝ました。

宗谷岬では私の嫁さんと、まだ小さかった孫が出迎えてくれました。たしか肩車をしたのかな。よくは覚えていませんが、一つのことをやり遂げた満足感や充実感で、胸がいっぱいになりました。疲れも吹っ飛びましたね。

4月1日に九州最南端の鹿児島県佐多岬を出発し、7月1日に日本最北端の北海道宗谷岬に到着した。最初は、100日はかかるだろうと予想していたけれど、大し

日本縦断の旅に挑戦。宗谷岬のゴールまであと一歩

たトラブルもなく、いたって健康、健脚で、92日間で３３００キロを歩き抜くことができました。歩きながら思ったことは、日本はなんて人情の厚い国なんだ、ということでした。

地元に帰った7月8日には、同窓生たちが杵築《きつき》市内で慰労会を開いてくれてね。本当に多くの人の支えがあったからこそ、完歩できたと思います。

九州一周に本州一周、そして四国遍路も

魚屋をやめた時点で、本当に夢がいっぱいありました。それを一つずつ実行に移してきました。九州一周１９９０キロを歩いて回る。これは48日間で達成したと思います。それから本州一周4200キロも歩く。本州の旅は130日で終わりました。地元のテレビ局が、合計5、6回取材に来てくれたんです。たしか鳥取と新潟、宮城県の南三陸など。それを放送してくれて、同じものをDVDで持ってきてくれたんですけどね。私はまだ一度も見ていません。過ぎた過去を振り返るよりも、新しいことにチャレンジしたいですからね。

四国霊場八十八か所にも挑戦しました。2010年、70歳のときでした。今回は自分の体力の限界を試したいとの思いもあったけれど、それ以上に生きること、命の大切さというか、これまで魚をたくさん殺生した、その供養《くよう》も兼ねてとの思いもありました。いつもの挑戦と同じように、このときも一人で行きました。自分を見つめ直し、鍛えるには一人に限るからです。もちろん、弘法大師さんと一緒に回る「同行二人《どうぎょうににん》」の精神は大切にしましたけどね。

お遍路のコースは、新聞などで事前に自分なりに徹底的に調べました。遍路でかぶるすげ笠も自分で作ったんです。遍路用の白衣もカッターシャツで作りました。靴は海で拾った物を使っていましたが、壊れてしまったので、道中で買い換えました。節約の精神は今回も、もちろん一緒です。

「お遍路大使」に任命される

お遍路の最中に、こんなことがあったんですよ。第八十七番札所のお寺だったと思いますが、境内の外にある東屋《あずまや》にテントを張って寝たことがあります。翌日、住職さんが出てきて、「昨夜はここに寝たのですか。事務所に来てください」と言われた。「どうしてだろう。何か注意されるのかな」と思ったんだけどね。住職さんには「私、ゴミは拾っても捨てるのはいやな人間ですから」と言いました。

それで事務所に連れて行かれて「今からどんなことを言われるのかな」と思ったら、お菓子が山盛りで出て、その次にお茶が出てきた。「自分の勘が当たらないな」と思っていると、しばらくして「お遍路大使に任命させてもらいたい」と言われた。一体、何がどうしたのか、全く分からなかったんです。

すると、「あなたみたいな素晴らしいお遍路さん、私も最近見たことがない」と言われるから「なんでですか」と聞いたら、こう言われてね。「まっすぐ前を見て歩いている」と。他の人は、何かキョロキョロしている人が多いらしい。

その任命書には、「あなたは四国八十八ヶ所歩き遍路約１２００キロを完歩され、四国の自然、文化、人との触れ合いを体験されたので、これを証するとともに四国遍路文化を多くの人に広める遍路大使に任命致します」という風に書いてあった。何だか、すごいことですよね。周りの人に聞いても、「こんなのもらったことない」と言われるしね。

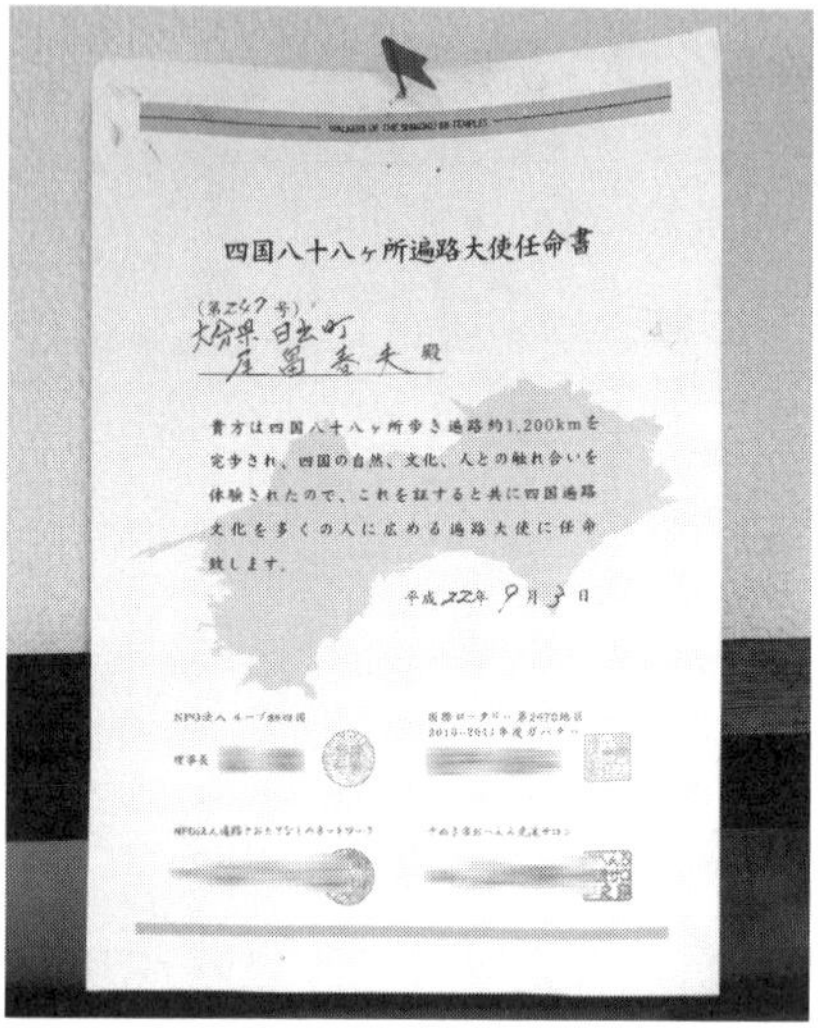

想像もしなかったが、「お遍路大使」の任命書をいただいた

私は自分をお遍路とは思ってないんですよ。弘法大師さんが歩いたところを着実に歩こうと思っただけなので。それから、四国の人には決まりがあるみたいですね。「お遍路さんを見たらお接待を渡す」って。徳島では「待た

んね」と大声で追い掛けられたことがあるけど、私はそういうのは見えない性分《しょうぶん》で、気が付かずに、早足で歩いたこともありました。

結局、70歳なら60日かかると言われていたけど、その約半分の32日で満願できてね。でも、別に早く歩こうと思ったわけではありません。ひたすら自分のペースで歩いていたら、こうなっただけです。

北アルプス55山を9泊10日で単独縦走

魚屋の仕事の合間に、由布岳をはじめ九州各地の山に登っていました。山の魅力は雄大な景色の素晴らしさですかね。反対に自分の小ささも感じられます。大自然の中で生かされているって感じでしょうか。

そもそも登山のきっかけは、40歳の誕生日（1979年10月12日）を迎えた後、地元の新聞で翌年2月に「九重《くじゅう》雪中登山」をする、という案内があり、店が休日ということもあり参加することにしたことです。一緒に行った知人も冬の山に行くのは初めてなので、興味を持ったようです。行ってみると、寒さのため痛さを感じたけど、それ以上に感動がありました。嫁さんが、手製のマスクや手袋を用意してくれてね。それ以降、春・夏・秋に山に登っているんです。

そんなこともあって、たしか67歳の頃、北アルプス55山を単独縦走しました。新潟の「親不知《おやしらず》」から入り、野口五郎岳、双六岳《すごろく》、槍ヶ岳、南岳、唐沢岳などを通って上高地、合羽橋《かっぱばし》まで、9泊10日で55山を、一人で歩きました。

奥穂小屋のおやっさんの忘れられない一言

そのときに、うれしかったこと、大変自信になったことがありました。奥穂高岳の山頂に行く十字路の所にある奥穂小屋に泊まったときのことです。230人は泊まっていたと思います。そこで小屋のおやっさんと、これから先の行程について話をしました。翌朝に「ホワイトアウト」の現象が見られたとき、小屋のおやっさんが皆に危険な「直進」コースをやめるように告げました。

でも、私だけには「直進していい」と言ってくれましてね。普通ならば困難なコースでしたが、その山小屋にたどり着くまでに「55山」を制覇していたのと、私との会話から「この人なら大丈夫」と思ってくれたからでしょうね。

旅や登山は基本的に一人で行きます。自分の体力の極限を試したいからです。私は一度やると決めたら、全力を尽くすタイプ。自分で決めたのだから、それには責任を持つべきですね。もちろん行動には、自己責任が伴う。その覚悟がなかったら、やらないない方がいいのではないでしょうか。毎月「１日」を迎えると、また新しいことに挑戦できるかもしれないと、内心期待しているんです。

第7章

私が元気な理由
——私の健康法

健康保険証は11年間使わず

被災地などでボランティアをするには、健康でないとできませんよね。健康であるためには、体だけでなく、心も元気でないと駄目です。

健康保険証は、この11年間ほど使っていません。大きな病気といえば、40歳の頃に腸捻転《ちょうねんてん》をやったことくらい。大分の自宅にいるときは毎朝8キロほどジョギングをしています。

健康の最大の秘訣はとにかく体にいい物を食べること。これに尽きる。おいしい物は食べてはいけません。おいしい物は、体に良くない。化学調味料や合成着色料が付いていたり、農薬がかかっていたりしてね。

野草を集め、ゆでて酢醤油で食べます。桑の葉がうまいですね。あとタンポポもうまい。オオバコ、ドクダミ、ヨモギなども食べます。どれも体にいい。野菜は虫食いのある、葉に穴があいた自然な物しか食べま

自宅の庭にはツルムラサキやニガウリも

せん。庭で作った物とか。自宅の菜園には、ツルムラサキやニガウリなどを植えています。食用にね。あとは、体にいいというから、パックで甘酒を買って飲んでいます。

こうした食生活は登山を始めた40歳の頃から続けていますが、人さまに積極的に勧めることはありません。実際、家族でも食べているのは私だけです。食べてみて自分がいいなと感じたら、実行してみたらいいし、それはどうもよくないと思ったら、無理にする必要はないと思いますね。

よく食べるのはブラジル産の鶏のもも肉。焼肉のたれをかけると美味

よく食べて、よく動くこと

よく食べて、よく動くこと、これが一番。私は人の1・5倍から2倍は食べます。口に入る物は何でも食べる。特別高価な物なんて、食べんでもいい。肉は大好きですけど、いつも買うのは

食事は、ほぼ毎日が自炊。台所に立つことも多い

100グラム48円のブラジル産の鶏のもも肉。安いからです。

皮ごと小さく切って、鍋に油を敷く。ぐるぐる混ぜると水気も出るけど、身が縮んで、火が8割通るくらいになったら今度はたまねぎ、ニンジンを入れる。娘が、「焼肉のたれは万能たれだから、それで味付けしなさい」と言うので、食べてみると確かに万能でしたよ。

それを冷凍庫に入れておいて、食べるときには自然解凍する。電子レンジでチンすると電気代がかかるからね。電子レンジを使うときも、1回でたくさん、一気に温めるようにしている。節約のためにね。梅干しはほとんど欠かさない。これが毎日の朝食です。

1日の食事は、「朝5、昼3、夕2」の割合

野菜を買うときは、先ほども言ったように虫が食っとる物をわざと選ぶ。虫が食って穴ボコだらけなのは、おいしくて安全な証。農薬や添加物といった不自然な物はできるだけ避けるようにしています。自然に育った物が一番体にいい。お天道様に感謝して生きてきました。

ボランティアに行っているときでも「今日は疲れたな」と思ったら、早めに寝袋に入って寝ます。ご飯は、1日3回食べるときにはね、レトルトのパック飯を5食分食べる。「今日は頑張るぞ」というときは、腹いっぱい食べる。特に朝はよく食べます。3食の割合は大体、朝5、昼3、夕2です。

雑魚は良質のタンパク源

魚も食べます。もともと魚屋が商売だったから。自宅の近くに魚市場があるんで

すよ。そこに行って、普通の人が調理しきれないようなホウボウや、エンバリ（とげがあって、オコゼみたいな魚）などの雑魚《ざこ》を1箱100円で買うんです。何せいっぱい取れるんですよ。それをきれいにさばきます。うろこは捨てるけどはらわたは食べる。肝は消化液があるから捨てる。ひれの部分は捨てるけど、あとは全て食べちゃう。良質のタンパク源です。

糸切りの刺身にするときもあります。九州には琉球料理があるんですが、醤油漬けにしていたら冬は10日くらい、夏は3日くらいもつんですよ。

焼くことはしません。炭が要りますからね。炊くんじゃね。そのときは魚だけでね。生姜をちょっと入れて。あとは焼肉のたれ。それで炊いたら、パック飯に入れるんです。魚も、野菜も、肉もある。バランスのとれたいい食事ですよ。

外食はめったにしません。子どもや孫と一緒に月1回、ファミリーレストランで食べるくらい。一人で外食というのは一度もないです。うまい物は食べないようにしている。金はかかるのに体に悪いですから。

晩飯を食べないときはね、娘がよくスーパーでお菓子を買ってきてくれる。うず巻きのような形で、パンに近いお菓子。それを10日くらい毎日食べる。封を切らなかったら1週間くらい大丈夫だからね。

被災地では食生活、食事の仕方にも気を配る

被災地では、特に食生活には気を付けています。今回、呉市の天応《てんのう》に来るときには、できるだけ被災地に負担をかけることがないよう、別府市内のディスカウントストアで約2週間分の食料を買い込みました。ボランティア中の主食は、持ち運びに便利なパックご飯とインスタントラーメン。ご飯は3パックで

食事には梅干しが欠かせない。これさえあれば、おいしく食べられる（呉市天応で）

車の中には水や食料、衣類などが積み込まれている

野湯に行く途中に愛用のバイクがパンク。常備の工具ですぐに修理した

198円。ラーメンは5パックで158円です。

パックご飯は温めるとガス代がかかるのでそのまま食べる。おかずなんていりません。梅干しがあれば十分。寝泊まりするのは軽ワゴン車の後部座席。被災地のどんな環境でも寝られるようにするため、普段から家でもゴザの上で寝ています。今使っている軽ワゴン車は13年間乗っていますね。走行距離は約20万キロ。故障したことは一度もない。タフな相棒ですよ。

山奥にあるお気に入りの野湯。濃厚でなめらかな湯

無料の露天風呂で英気を養う

お風呂は別府にある露天風呂に行きます。家に内風呂はあるんですよ。電気温水器の風呂がね。でも最近は使わないので、メーカーさんに取り外してもらったんですよ。1か月の間、全く使わんでもいくらか電気温水料金がかかるので。

その露天風呂までは自宅から車で25分くらい。でも露天風呂へはバイクで行っています。ガソリン代が60～70円くらいですから、ほぼ毎日行く。ここは混浴野湯で、とてもいい所なんです。野湯だから無料だし、疲れが一気に吹き飛びます。細い山道を上って行くから、一般の人には分かりにくい所ですが、温泉仲間がたくさんいて、気軽に何でも話すことができるんですよ。

ただ、ボランティア活動中はお風呂にも入りませんし、シャワーも浴びません。大分に帰って温泉に入るのが格別です。3時間も4時間も入ってしまいます。これはボランティアを終えた後の楽しみの一つですね。

倹約生活で費用をボランティアに

年金生活を送っています。収入は月に5万5千円ですが、ぜいたくをしなければ十分です。1か月の電気代は約2千円。扇風機はよほど暑いときはタイマーで3時間つけて寝るけど、それ以外はカーテンを開けて、網戸を開ければ十分。自宅は南向きで、風が入ってくる。陽も入りっぱなしで、快適ですよ。あまり家にはいませんけどね。

ガス代は1か月に1830円。ずっと基本料金ですよ。水道代は2170円くらいかな。どこか漏れてるんじゃないかと思う。メーターがぐるぐる回っているからね。修理の見積もりを取ってもらったら2万円くらいで、高かった。ゆっくりしたときに、また考えようと思います。

車は店を閉めてから買ったものなので、もう13年目。車は自分で洗うんですよ。だけど、ほとんど洗わない。車洗う泡が出るやつ、使ったことがない。車はリヤカーや馬車と同じと考えている。車に時間をかけるんだったら、その分、ボランティアをした方がいいと思うんですよ。

ボランティアに行くのに欠かせない13年目の愛車

一番かかるのはガソリン代。この前、呉の天応に行くのに1万5千円くらいかかりました。少しガソリン代がかかり過ぎたときには、ブラジル産の鶏肉を買うのをやめて調整するようにしている。そうやって、ボランティアに行くようにしているんです。

孫の勧めでその場でタバコをやめる

65歳を過ぎると体力が急激に落ちるものです。あるとき、かわいい孫から「タバコは絶対にやめて」と言われました。自分はヘビースモーカーで、ピースを2箱吸っていました。これはうれしかった。孫の言うことは天の声だと思い、その場で全て燃やしました。買いためていた全てのタバコをです。

人間だから体調が悪いときや気分が悪いときがあります。そんなときは、まずは睡眠。思い切り睡眠を取ります。そして、おいしい物は食べない。体にいい物を食べる。

前に述べたように、私の歯は総入れ歯なんですよ。19歳でほとんどの歯がなくなった。小さい頃から、カルシウムが足りなかったからかもしれませんね。子どもの頃から家が貧しかったし、ほとんど毎日がゆがいたイモ、カボチャ、そんな物しか食べていなかったから。もう自然にボロボロ抜けてね。

最初の農家に奉公に出されたときに、馬とか牛とかの餌（イモ、カボチャなど）を蒸して食べていました。少し横取りしてね。馬の餌のことをうちの田舎の方では「駄のもの」って言うんですよ。「駄」っていうのは家畜のこと。牛も馬も入れて。総合して「駄」。食べる物がなかったってことですね。

毎朝、自宅周辺を8キロジョギング

普段家にいるとき、今日はあまりハードなボランティアをしないな、と思ったときは朝起きて、5時に出発して8キロほど走ります。２０１１年、震災の後にボランティアで、南三陸町に行く前から始めたんですよ。

約1時間、ゆったりとね。コースを選ぶとき、なるべく景色が変わる方がいいと思う。あとはアップダウンや曲がりにも注意する。適度にあることが大切です。また、あんまり交通量が多くなくて、排気ガスの少ない所で、なるべく両サイドに歩道があるような、車道を走らなくてもいい所を選んでいます。日出町《ひじ》は緑が多く、潮風も上がってくるので空気がおいしい。ちなみに、とび職の時代に東京の蒲田に住んでた頃は、干したタオルが黄色くなるくらい空気が汚れていて、ここで子どもたちが育つのは厳しいと思ったものです。

日出町の自宅

走るときは、夏の朝5時は明るいけど、冬の5時はまだ暗いから、基本的には反射テープを首から斜めにかけて、私の住所と名前と生年月日、血液型、電話番号などを裏表に書いたものをテープに貼り付けて走る。急に倒れても、どこのだれかと言われんためにね。

視力は左目「2・0」以上

この前の免許更新のときに地元の日出警察署で、視力検査をしてもらいました。すると、右目は視力が落ちていましたが、左目は一番下までも十分に見えたので視力「2・0」以上ですね。もしかしたら「2・5」かな、と思っているんですよ。

ちょっぴりバランスが悪いですね。新聞は外で太陽の光があったら見えるけど、家だと蛍光灯を使わないと読みにくいこともあります。さすがに78歳ですし。拡大鏡とか虫眼鏡は使っています。自然の流れに逆らっても、決して勝つことはないですからね。

今の私の身長は１６０センチ、体重は57・５キロ。体重は一時期から比べたらぐっと減った。最高だったときは68キロあった。とはいっても、筋肉は減っていないと思うし、できるだけふくらはぎの筋肉を鍛えるようにしています。

身長から１１０を引いた体重がちょうどいい、と言われたりするので、今はちょうどいいかなと思っています。この計算式は大切ですが、あくまでも目安で、私は、３分の１はこれを信用するけれど、残りの３分の２は自分で責任を持って、自己完結すべきだと思ってます。

自分で責任を持つといえば、市町村の定期検診でバリウムを飲んだら、ピロリ菌がいっぱいあると言われたことがあった。「早急に医者に行ってください」と注意されました。ピロリ菌を除去する薬をたくさんもらいましたが、結局１回分飲んだだけ。こんなに飲んだら、体がおかしくなると思ってね。

翌年、同じ定期検査を受けると、ピロリ菌は全くなくて「きれいな胃です」と言われてね。１回分だけ飲んで、効果があったわけではないでしょうが、何だか不思議な話ですね。

十薬と呼ばれるドクダミを愛飲

風邪は全くひきません。インフルエンザって何ですか。かかったこともありません。でも、一度39度の高熱が3、4日出たことはある。山開きが終わった直後に、山登りをして帰ったら体中がかゆくなって発熱しました。たぶん、ツツガムシ（ダニ）に刺されたことによる発熱だったと思いますが、当時は魚屋をやっていたので、一日も休みませんでした。お店を休んだのは、腸捻転にかかって1か月入院したときと、盲腸の1週間だけですね。

血圧は上が「115〜120」で、下が「75」かな。血圧の薬も飲んだことはない。私は西洋医学っていうのが、あまり好きじゃない。東洋医学の方を信じていますね。ドクダミは、うちの庭にいっぱい咲いているから、酢味噌や酢醤油、焼肉のたれなどで食べますね。「十薬《じゅうやく》」と呼ばれるように、体にすごくいいんです。今も車に積んどるけど。毎日ではないですが、お茶にして飲んだりもしています。

「ラジオ深夜便」を聴くのが日課

日常生活はシンプルそのものです。テレビはほとんどNHKしか見ません。しかも、情報収集のため30分見るだけ。ラジオでは、NHKで放送される「ラジオ深夜便」が一番のお気に入りです。

これが23時15分から始まる。日付が変わって、午前3時10分くらいに「懐かしのメロディー」っていうのがある。番組内で「明日はこんな歌を放送します」という予告があります。

そこで二葉百合子や三橋美智也、春日八郎、そういう人の歌は聴いてみたいなと思って。そういうときは目を覚ますんですよ。目覚ましをかけなくてもね、パッと起きられる。前の日に寝るのも早いですから。早いときは午後7時過ぎに寝ることもあるんですよ。暗くなったら寝て、明るくなったら起きる。これが自然に合った過ごし方ではないでしょうか。

「起きて半畳、寝て一畳」の生活を楽しむ

今はほとんど物を買うことはないですね。そんなに欲しい物もありません。大げさに言えば、絶対欲しい物だったら、身を切ってでも買う。でも今そこまでして欲しい物はありません。ただ、車が動かなくなったら買わないといけないですね。ボランティアに行くにも、車がないと行けませんから。その車の運転も今のところは大丈夫ですよ。スピードは必要以上に出しません。

被災地に持っていく衣類。赤色のものが多い

若い頃苦労した人の中には、年老いてからぜいたくをしたい、という人もいると思う。だけど、私は欲しい物を我慢しているわけではありません。だからストレスも感じていない。人に振り回されず、自分で考えるようにしています。

現在の家には、魚屋を閉めてから住んでいます。今年（2018年）で住んで13年、築30年くらいになり

お気に入りの場所。ここで食事をし、新聞を読む

ますね。周りは住宅地です。98・7坪の土地つきで買いました。この家を紹介してくれたのは、地元の銀行のお兄さんです。この兄さんは大きな声ではっきり物を言って頭を下げてくる人だったので気に入ったし、私を慕ってきたので口座をつくったんです。

その人に、「2、3年後に店を閉めたら、杵築《きつき》か日出に住みたい」と伝えていた。すると、この家を含む7軒を探してくれたんですが、ここは妻が、見て10分くらいで気に入ったのですぐに買ったんです。

1階は居間とダブルベッドを置いてあ

る6畳間、それに台所、トイレ、風呂。2階は6畳が3部屋で、うち2部屋はつながっていますが、実際に使っているのは、1階の居間の一畳分だけ。いつもはそこに座って、そこにゴザを敷いて寝ています。そして、居間には母の遺影を飾っています。「起きて半畳、寝て一畳」って言うでしょう。

軒先に干された赤いつなぎ

家では使っていない物が多いです。掃除はあまりしません。ごみもあまり出ないので、する必要がないのかもしれませんね。

お気に入りの言葉を書き留める

あるとき、新聞を読んでいたら「記憶よりも記録」って書いてありました。それを読んで、日々あったことを書くようにしているんですよ。書き留めると、頭の中にも入るし、後になって振り返ることもできますから。それから、私は漢和辞典と国語辞典を車の中にいつも持ってきてるんです。うそじゃないですよ。だいぶ年季が入っていますし、抜けたページもありますが。

気になった言葉があったら、すぐに書き留め、室内に貼っておく

そういえば、このことを知ったからかどうかは分かりせんが、自宅に国語辞書が送られてきました。それも小学生か中学生用で、とても大きな字で書いてありました。今度からは、この辞書を車に積んで行こうかなと思っています。

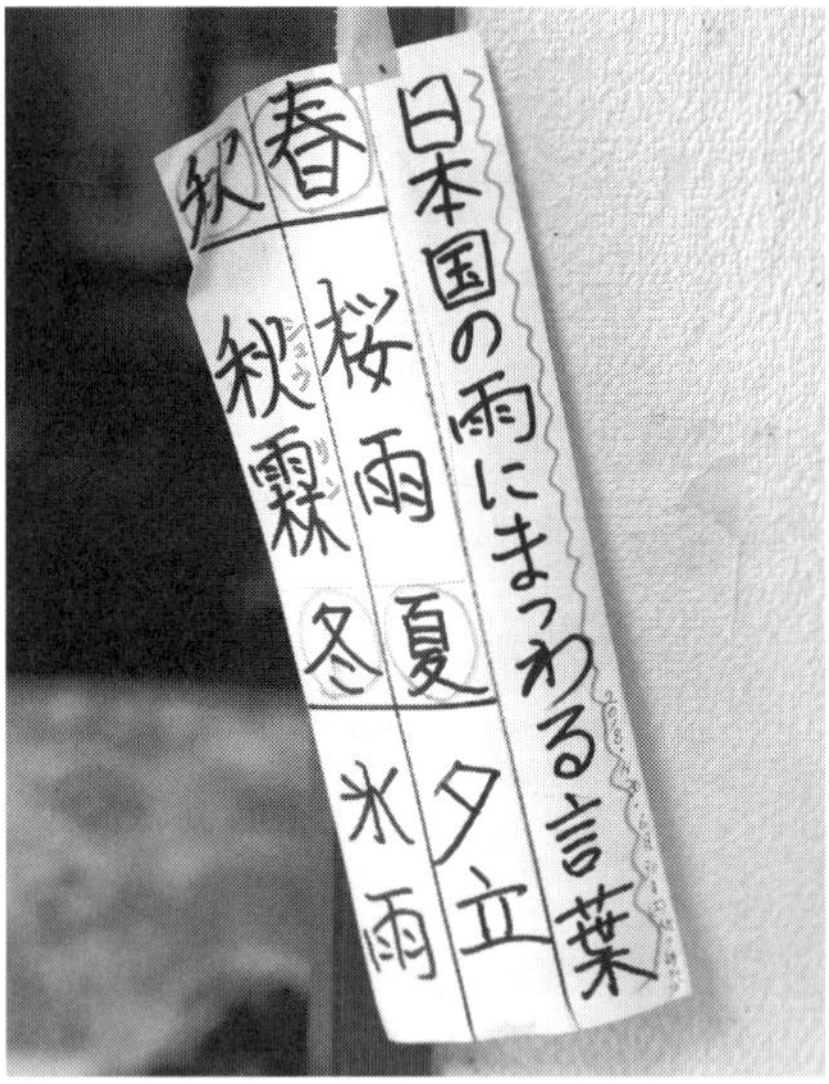

季節にまつわる言葉もお気に入りだ

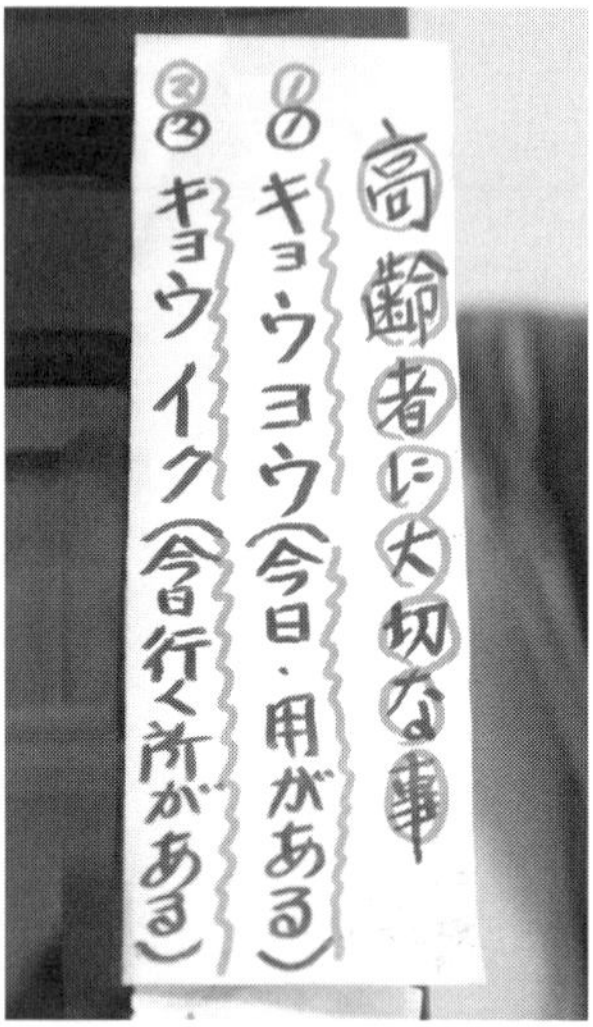

「高齢者に大切な事」も目に付くところに

新聞のスクラップが趣味

新聞記事など気になる情報は全てスクラップしています。地元の大分合同新聞を、結婚した１９６８年から定期購読しています。他県に出ているときは家のポストに入れてもらい、帰ってからまとめて読む。新聞は隅から隅まで読みます。

スクラップが大好きなんです。その後ハサミで切り、カレンダーや広告の裏の白い部分に貼り付けます。それらの束にキリで穴をあけ、焼き串を通す。そして針金などで止めて帳面にする。今は相当たまっていますね。そして、それには年月日や曜日、天候などを書いておくんですよ。

「汗かく、恥かく、文字を書く」が大好き

「汗かく、恥かく、文字を書く」という言葉も大好きです。ボールペン、鉛筆、マジックを使って書きます。気に入った言葉を書いてたくさん家に貼る。最近気に入ったのは「医は食にあり、食は農にあり、農は自然に学ぶべし」という言葉です。たしか、新聞に書いてあったと思います。

「ラジオ深夜便」で聞いて印象に残ったことも、ホチキスで止めた手製のメモ用紙に書き留めます。いつでも書けるようにと、ペンと一緒に枕元に置いています。気になった言葉はとりあえずカタカナで書き取り、後から辞書などで調べるんですよ。

ノーベル賞をもらうような専門に秀でた人物なら、一つの道を究めることは大切ですが、それ以外なら広く浅く、五感を使っていろんなことをやりなさい、と子どもに話しています。私もこれだけは実践しているつもりです。

プラス思考で、いつも明るく

気分が落ち込んだことでも、私はプラスに考えます。できるだけ明るく過ごしたいと思っています。その代わり、自分で自分を叱るんです。言葉には出さないですよ。頭の中でね。逆に、思った以上にいいことをしたときには、自分をベタ褒めする。

別府市長から感謝状を贈られる

人から褒められようとは、全く思いません。今回いただいた日出町や別府市からの表彰ももらう気はありませんでした。そんなことは気にしていません。だから、私が紹介されたテレビは全く見ていないし、テレビに出たいという気もさらさらありません。

「真心」を大切に

「真心」を大切にすれば、少々のこと

日出町から功労者表彰を受ける

で怖い物はなくなると思います。怖いのは自分です。実際、良い意味でも悪い意味でも何をするか分からないからです。

人によってはこんなに注目され、表彰ももらえるのなら、自分もやってみたいと思う人がいるかもしれませんね。私自身は、これだけ表彰をもらって、訪ねてくる人が多くなったから、もうボランティアを自粛しようとか、反対にもっと頑張ろうとか思うことはありません。

今まで通りにやっていきたい。人の命に代わる物は、何もありません。日本は島国でいつ災害が起こるか分からない。明日はわが身です。何かあったら、何をおいてでも手助けに行きたいと思っています。

私は過去のことは考え込まないようにしています。「今日は二度と来ないが、明日は必ず朝が来る」という考えからです。明日が来れば、心が豊かに大きくなり、やる気が湧いてくる。母親が命がけで産んで育ててくれたんですから。本で読んだのですが、人生は地球誕生から見れば、1回のまばたきのような一瞬のものといいます。だから立ち止まってる時間はない。少しでも前に進んでください。

第8章

これからの人生

今の体調を把握し、できる範囲で活動を

今の私は20歳代から50歳代の人にはちょっと負けるけど、60歳代、70歳代の人とは同じくらいのレベルのボランティアができる体力があると思っています。これから3年、5年、そして10年って考えたときに、かなりのスピードで下降線をたどると思うけど、もうこれは仕方がない。

でも、何かあったときには被災地に行ってみる。そして現地を見て、「これくらいだったらボランティアができるかな」と思ったらやってみます。体験して初めて、自分の体を投入して初めて、今の体調が分かるもの。できる範囲というのは、頭で考えるものじゃなくて、体を実際に現場で動かしてみて分かることですね。

もう体力的にも年齢的にも泥かきは無理だなと思ったら、泥かきはあきらめて、皆が作ってくれた土嚢《どのう》袋を運びます。満タンに入ったのが無理なら、3分の2くらい入ったものを、今まで3つ、4つだったとしたら2つ抱えて運ぶことをやってみる。ちょっと負荷を下げたものをやってみて、自分がボランティアの現場でできることを探したいですね。現地で倒れて、皆に迷惑をかけてしまったら、元も子もないので、

少し余裕を残しておくことも大切ですよね。

言い方を変えれば、今「10」の力なら、「9」を全力で、「7」になったら「6」で、「5」なら「4」で、そして「3」しかできなくなったら、「2」のボランティアをさせてもらおうと思っています。それもできなくなったら、息子に相談する。「老いては子に従え」という言葉があるからね。「土嚢を運ぶと息が上がるようになったから、ボランティアはやめます」と。歳だからやめるんじゃないんです。体を動かしてみる。体当たりしてね。それでもできない者は引いていくべきですね。

「備えあれば憂いなし」。バールなど愛用の道具が入った手製の袋

２０１２年に、中央自動車道の笹子《ささご》トンネルで、天井板が落ちて人が亡くなっ

た事故があったでしょう。あれなんかは、ちょっとずつ場所を変えながら天井などを叩いてみる。すると一発で分かっちゃいます。「目視による検査をやりました」と言っているけどね。「どうしたら、このトンネルは安全か」をもっと真剣に考えてやるべきだった。ボランティアの世界も同じで、結果はおのずと出ますからね。

常に先を見通す——長所でも、短所でもある

私は危機を事前に回避する性格です。それに「物は有限、知恵は無限」って言葉があってね。常に先を見通すことを心がけています。

例えば、中学を卒業して15歳で魚屋さんに丁稚《でっち》に行ったとき、すでに店を持つと決めていました。借金はしないと決めていたので、開店を実現するためには、10年かかると計算していました。そのため、最初の3年は丁稚元の大分の魚屋で基礎を学び、次に下関でフグの免許を取りました。3番目に関西の魚屋さんで商売のイロハを覚えました。

1章で述べたように、「よし君」の捜索に行ったときには事前に現場付近の状況を歩いて調べました。田んぼの稲穂が折れて、その部分が違った色に見えないかどうか。もし、そこに「よし君」が倒れていればそうなっていると思いましたので。

毎朝8キロジョギングするときも、疲れているときには距離が短くなるようコース（道）の内側を走り、元気で余力があるときは外側を走るようにしています。

冷凍しているおかずなども、翌朝に食べる予定だったら、前の晩に冷凍庫から取り出しておいて自然解凍するようにしています。電気代の節約のためにもね。

スコップはボランティアの必需品。メンテナンスには注意を払う

海岸や国道を清掃、道具のメンテナンスも

普段は、海に行くことが多いです。海って潮の干満があるでしょ。新聞の地方版の行事欄に

潮の干満（潮見表）が載っていて、大潮のところに「〇」をつけて、その時間帯に海岸に行くんです。そこで、ひじきなどの海藻を取ってきて、煮たりしてね。その後、海岸線をずっと歩いてペットボトルを拾うなどの清掃もします。

家の中でも、新聞の切り抜きをしたりするので、「今日は何しようかな」と困ることはないですね。

出掛けるときには、ボードに行き先を書いて貼っておく

雨の日は、山に持っていく道具を修理したり、登山道の整備に使う縄の手入れをしたり、ボランティアに持っていく道具類のメンテナンスを行ったりします。

私がやっているボランティアは、主に由布岳の登山道、被災地の手伝い、そして国道や海岸沿いのごみ拾いの3つがあり、それらに関係することをいつも考えています。家族に心配をかけてはいけないので、ボランティアに出掛けるときは、自宅の軒先のボードに「天応《てんのう》に行く」などの伝言の貼り紙をいつも残して出発しています。ちなみに私は、携帯電話にしろ、パソコンにしろ、そうした情報機器に振り回されたくないので、一度も使ったことがありません。お金もかかりますからね。

現在の貯金はゼロに等しいですね。月約5万5千円の年金からボランティアの活動費を捻出しています。私は商売をしていましたから、お金の大切さは分かっています。ただし、ないものは追っても仕方ない。私は逃げるものは追い掛けない主義です。お金に関しても同じ。そのときの状況に応じた生活をしているだけです。ない袖は振れぬ、ということでしょうか。

「来る人は拒まず」の気持ちです。マスコミの人も、しばらくすればいなくなるでしょう。私なんて一過性のもの。日本は熱しやすく冷めやすい。私のことなんてすぐに忘れるでしょう。私は、花火の中では線香花火が好きなんです。小さくても長持ちする。そんな生き方をしたいですね。

沖縄のガマで遺骨収集をしたい

いつかは、沖縄で遺骨収集をしたいと思っています。「ガマ」って分かりますか。沖縄にある自然洞窟のことです。ここには相当な数の兵隊さんや民間人の骨が眠っているようです。その捜索をしたい。本当は今年（２０１８年）に実行する予定で、道具など準備をしていました。ところが、災害が続発して断念しました。今は被災地でのボランティアの方が優先です。

ただ、可能なら来年の春には実現したい。いつもと同じように4月1日から作業に取り掛かれるよう、それに間に合う鹿児島発のフェリーに乗船して、沖縄に向かうつもりです。ただ、遺骨捜索の許可が下りるかどうかは分かりません。

まずは沖縄県庁の担当の人のところに行って、私の思いを伝えることから始めたいと思います。持参した免許証を見せながら「大分県から来ました。尾畠春夫と申します」と声をかける、いつものやり方でね。

定時制の夜間高校で学ぶのが夢

そして、本当に体が動かなくなってボランティアが難しくなったら、いつか定時制の夜間高校に通いたいですね。私は一応、中学卒業ですが、中学校時代はほとんど学校に通っていませんから。当時は、学校よりも農作業でした。奉公先では当たり前のことです。だから、自分のことを不幸と思ったことは一度もありませんでした。

これまでの経験を踏まえて、いろいろなことを学びたいと思っています。これが私のもう一つの夢ですね。80歳代の高校生って、素敵ではありませんか。いつ実現するか分かりませんが、夢はいつまでも貪欲《どんよく》に持ち続けたいと思っています。

終章

尾畠語録
——命のことば

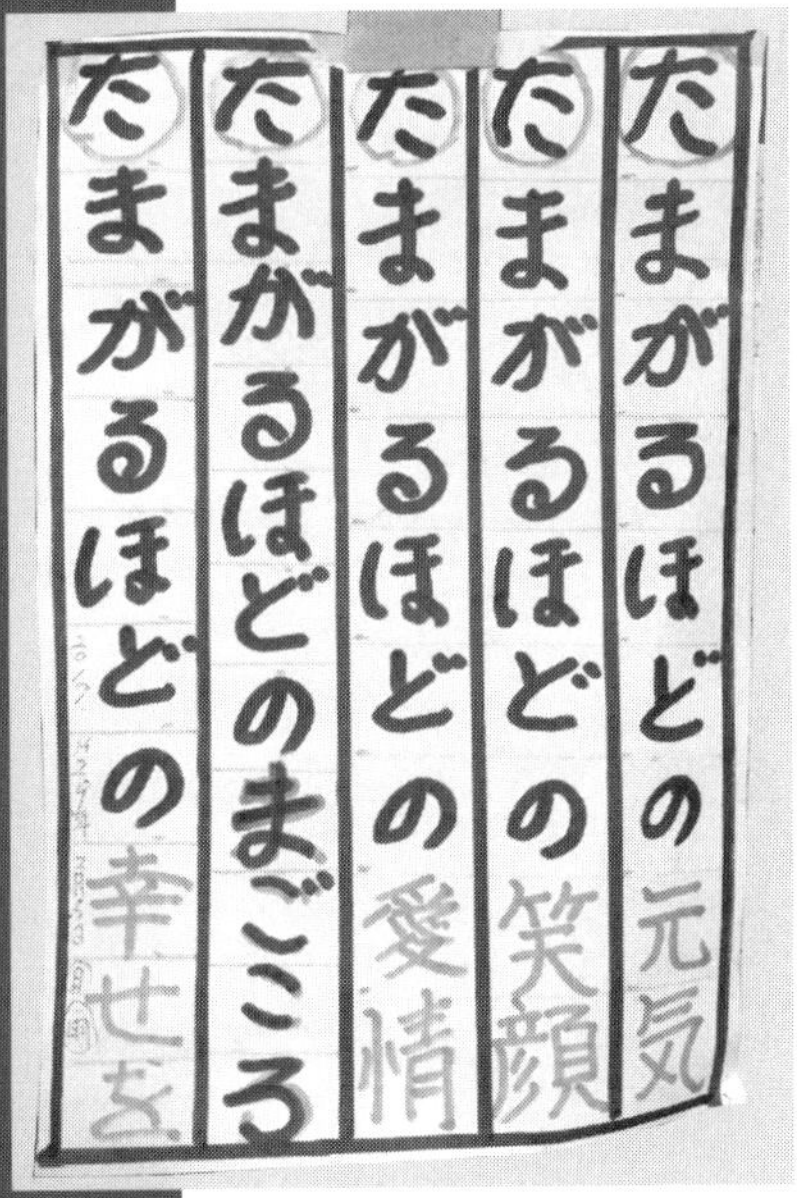

気に入った言葉は家中に貼る

私は気に入った言葉があったら、前述したように、すぐに書き写して、家の柱や押し入れに貼っています。後から見直すことができるからです。そして気に入った言葉は、口に出して話しています。

そうすると、心の中にストンとその言葉が落ちて、私自身の生活にも大いに役立つ。ちなみに貼ってあるものの中には、ハングル語や中国語もあります。ハングルは、東北の南三陸町で出会った韓国人の青年からもらったものです。

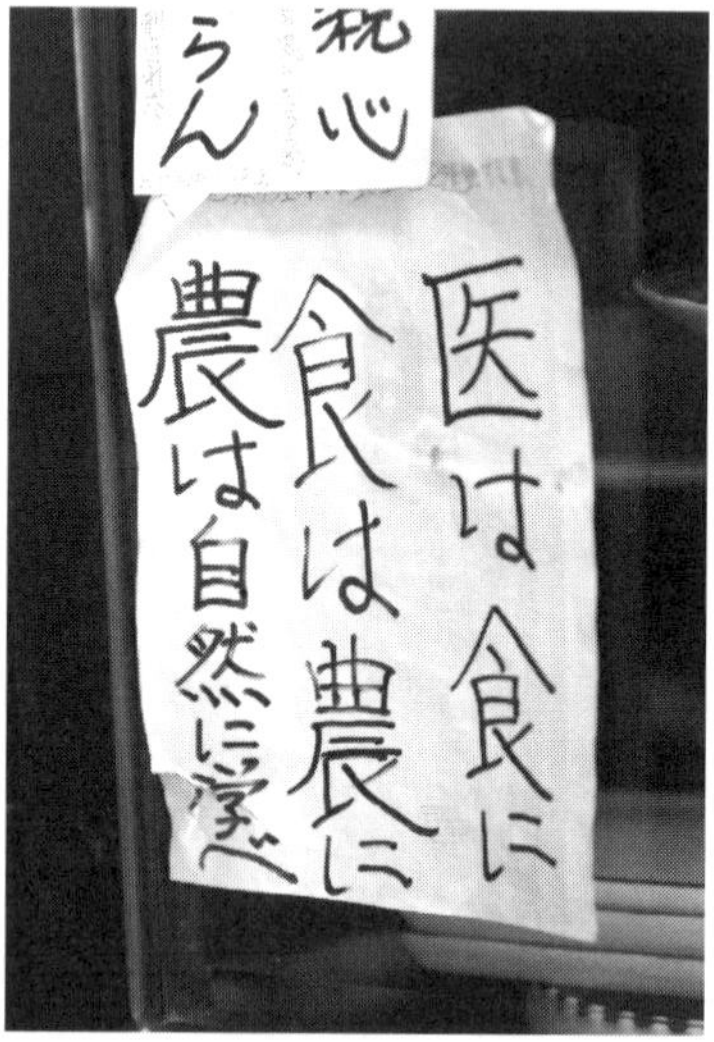

気に入った言葉は、目で見て、口に出して、自分のものにする

今、貼ってあるのは**「挑戦すれば失敗もする。立ち向かった末の失敗には大きな学びが詰まっている」「世界全体が幸福にならない限り、個人の幸福はあり得ない」「医は食に、食は農に、農は自然に学べ」**などの言葉です。

「朝は必ず来る」

私が生きていく上で指針にしている言葉を紹介すると、まずは**「朝は必ず来る」**。「絆」と一緒に、この言葉をボランティア用のヘルメットにも書いています。どんなに苦しくても、どんなにつらいことがあっても、明けない夜はない。必ず朝は来ます。朝の日を浴びて、今日も頑張ろうと思えば力も湧いてきます。

丁稚《でっち》時代からいろいろな人のお世話になってきました。そのときに学んだのは、**「かけた情けは水に流せ、受けた恩は石に刻め」**です。この言葉を胸に刻みながら行動しています。とかく人間は人のために行ったことについては、対価を求めがちです。その一方で、やってもらったことは、ついつい忘れがちになります。だからこそ、自戒を込めながら、肝に銘じています。

そして**「実るほど頭《こうべ》を垂れる稲穂かな」**。これはご存じのように人格者ほど謙虚であれという意味です。稲が実を熟すほど穂が垂れ下がるように、人間も学問や徳が深まるにつれ謙虚になり、小さな人物ほど尊大に振る舞うものだということ。私は徳も積んでいないので、頭を垂れるのは当たり前。常に謙虚に生きたいと思っています。

「目配り、気配り、心配り」

「三《み》配り」――すなわち「目配り、気配り、心配り」という言葉も好きです。ある日の土砂災害のボランティアのときのことです。太陽が照って暑くなり、がれきを置いている横に皆さんが地面にじかに座るのを見て、網を敷いて座るよう勧めました。さらに、小屋の中にブルーシートを敷いて、「暑いから入っていただいたらどうでしょうか」と声をかけました。すると皆さん、そこに風が入ってくるので「涼しくて気持ちいい」と言ってくれた。

そのとき、1人だけ40歳くらいの男性が離れて砂山に座っていました。「皆と一緒にブルーシートに座るのが嫌なのだな」と思ったので、ゴザを出して四つ折りにして、後ろから「ちょっとすいません、腰を上げてください」と声をかけてあげると「ありがとう」と言われました。気配りは大事だと思います。

2歳児を救出したことで、何となく注目されるようになりました。でも、私自身は以前と全く変わりません。気張ることもないし、話を聞きたいと言われれば、私にできることは何でもお話ししたい、と考えています。小さな子どもであっても、年配の方であっても。まさに**「来る者は拒まず、去る者は追わず」**です。私から自然に離れた人には、縁がなかったと思っています。

先に述べたように、地元の日出《ひじ》町やかつての仕事場のあった別府市からの感謝状を、一度は断ったものの受け取らせていただきました。ただ、私の分《ぶん》を超えたものについては、お断りしています。大勢の前で講演するように頼まれたりしたものも同様です。

居間にたくさんの「言葉」が貼られている

「生かすも言葉、殺すも言葉」

私は成人した男性に対しては「おやっさん」、女性に対しては「ねえさん」と呼んでいます。身分が高い人に対しても「おやっさん」で通しています。女性はいくら歳を取っても「おばさん」と言われるよりも、「ねえさん」の方がいいでしょう。

ボランティアに関しては、**「自己完結」「自己責任」**が原則です。食事も寝るところも自分で用意すべきで、対価を求めるなんて、もってのほかです。そのボランティアを続けるには、いつまでも元気でいなければなりません。そのためには、以前も述べましたが**「虫食い野菜を選んで食べる」**をモットーにしています。虫も食べないような野菜は健康にいいはずはありません。

無学だったので**「物は有限、知恵は無限」**なんて言葉は知りませんでした。物はお金と言い換えてもいいと思いますが、魚屋の修業時代、私はどんなことでもいいから、勉強をしたかった。そのとき、知恵を振り絞った回数だけ、可能性も無限に広がることを知りました。

人が喜ぶ言葉を大切に

「言葉」は常に大切にしたいですね。人に喜んでもらえる言葉が大切だと思います。

昔、とび職をしていた時代に、責任者として指図をするときも、「やってください」と敬語で言っていました。それは、頭《かしら》から「すごい、お前のようなまねはできない」などと褒めてもらい、人に対する言葉遣いが大切だと思ったからです。今もボランティアのときには、いつも「させてください」と声をかけています。

また、場を和ませるユーモアのある言葉も大切です。人によって使い分けています。「この人には、どんな言葉を遣って、どこまで言ってよいか」と考えるのです。**「生かすも言葉、殺すも言葉」**ではないでしょうか。北陸の東尋坊《とうじんぼう》で飛び込み自殺しそうな人を、引き止めるのも言葉なのですから。

いい服を着て、いい靴を履くような人間は上から目線でものを言う傾向があります。だけど、そのような人は言葉で言ってもなかなか受け入れてもらえません。むしろ怒ります。人の言動を見て直してもらうしかない。それに気付いた人には一晩でも二晩でも話したいと思っています。来る者は拒みません。

尾畠さんに話を聞いて

山口県周防大島町の2歳児が行方不明になってから3日ぶりに発見され、見つけたのが大分県から単身で駆け付けたボランティアの尾畠春夫さんでした。捜索からわずか30分足らずで発見したことには驚かされましたが、それ以上に、尾畠さんの「見返り」「対価」を求めないボランティア人生に心を動かされました。

なぜ、尾畠さんがそのような思いに至ったのか、なぜ、こんなにも全力でボランティアを続けることができるのか——。詳しくお話を伺ってみたいと思い、男児を発見した後にも、すぐに大分から呉市天応にボランティアに駆け付けた尾畠さんのもとに足しげく通い続けました。お邪魔にならない範囲で、泥出しなどのボランティア現場にも同行しました。

それから、大分県日出《ひじ》町の自宅や、中学校を卒業後に最初に丁稚《でっち》として働いた別府駅近くのお店（魚屋）の跡、かつて魚屋を営んでいた場所にも足を運び、尾畠さんの知り合いの方からも貴重な話をお聞きしました。尾畠さん行きつけの別府の混浴野湯にも、一緒に入らせてもらいました。尾畠さんからの聞き取りは、延べ30時間にも及びました。

その際、いくら遅くなっても、決して尾畠さんの方から「もうやめにしましょう」と声がかかることはありませんでした。ボランティアで疲れているはずですが、時に日付が変わることもありました。感謝いたします。

聞き取りをしながら思ったことは、尾畠さんの生い立ちから、これまでの人生を描くことで、確固とした生き方を見失いがちな人たちにとって、地に足の着いた前向きな生き方のヒントになるのではないか、また勇気と励ましになるのではないかということです。

さらには、尾畠さんのボランティア人生を伝えることで、ボランティアを目指す人たちの背中を少しでも押してあげることができるのでは、とも思いました。

尾畠さんからは、多くの貴重な言葉をもらいましたが、特に印象に残ったものは「今日は二度と来ないが、明日（朝）は必ず来る」でした。その言葉には前段があります。「できれば、まずは現地に行ってほしい。被災者と会話して、スコップ一杯でもいいので泥をすくってほしい。今も被災地には泥がたくさんあり、人手は足りない。いつもと違う空気を吸えば、違う考えも浮かんでくる」と。「明日は必ず来る」という

のは、被災者にとって、さらには何か行動に移そうと思っている人たちにとっても、等しく向けられた言葉です。

尾畠さんの周りには、常にたくさんの人がいました。呉市の天応でボランティア活動をしているときも、日出町の自宅に帰ったときもです。気軽に記念撮影に応じ、自分自身の体験を語り、時には悩み相談にも耳を傾けていました。子どもたちには思い切りハグしてハグされて、元気を与え、元気をもらっていました。マスコミも多く駆け付けましたが、基本的には「来る者は拒まず」で、丁寧に答えていました。テレビの画面などからも伺われるように、尾畠さんは豪放磊落《らいらく》の人物に見えます。お話を伺っている当初は、私もそのように感じていました。しかし、その半面、実に用意周到な人でもありました。物事を行う際には、いかにしっかりと準備をしておくことが大切かを力説しました。それがボランティアに生かされています。

「『よし君』を見つけることができたのは、自分自身の捜索の力が3分の1、足元を照らしてくれたお天道様の力が3分の1、そして『ぼく、ここ』としっかりした声で返事をしてくれたよし君の命の力が3分の1。このどれが欠けても見つからなかっ

たでしょう」。2歳児を見つけた瞬間について、第1章でも述べているように、尾畠さんはこう振り返ります。

本書を通じて、尾畠さんの言葉に耳を傾け、明日を生きる糧の一助にしてもらえれば幸いです。

２０１８年　９月末日

松下幸

南々社編集部

■装幀／スタジオギブ
■本文 DTP ／濵先貴之（M-ARTS）
■撮影／中野一行　庄司丈太郎（序章～３章・７章～８章の章扉写真）

尾畠 春夫（おばた はるお）
1939（昭和 14）年 10 月 12 日、大分県安岐《あき》町（現・国東《くにさき》市）で生まれる。中学卒業後、別府、下関、神戸の魚屋で修業をしたのち、1968（昭和 43）年、29 歳のときに別府市に妻とともに魚屋「魚春《うおはる》」を開店。65 歳で閉店後、東日本大震災の被災地をはじめ各地でボランティアに従事。2018 年 8 月、山口県周防大島で行方不明となっていた 2 歳児を発見、注目を浴びる。西日本豪雨の被災地でも貢献し、別府市と自宅のある日出《ひじ》町から表彰を受ける。

松下 幸（まつした さち）
1959（昭和 34）年生まれ。59 歳。ライター。聞き書きによる出版も多数。今回、尾畠春夫さんには 8 月中旬から 9 月末までの間、約 30 時間にわたるインタビューを行った。著書に、広島県最長寿の山下義一さんにインタビューした『109 歳、私の幸福論』『111 歳。やっぱり、めでたい!』（いずれも南々社）ほか。

尾畠春夫　魂の生き方

二〇一八年一一月一〇日　初版第一刷発行

著　者　尾畠 春夫
聞き手
構　成　松下 幸、南々社編集部
発行者　西元 俊典
発行所　有限会社 南々社
〒七三二－〇〇四八
広島市東区山根町二七－二
電　話　〇八二－二六一－八二四三
ＦＡＸ　〇八二－二六一－八六四七
振　替　〇一三三〇－〇－六二四九八

印刷製本所　株式会社 シナノ パブリッシング プレス

ISBN978-4-86489-088-5